JN074180

不便　不自由

不

不足　　不安

不平

小野 司 著
ONO Tsukasa

ちっちゃな「不」の解消から始める カイゼン活動

短期間で
成果を出して
勝ちグセをつける!

日刊工業新聞社

まえがき

　会社員時代、社内では多くの部署でカイゼン活動に取り組んでいました。私の最初の配属は研究開発部門でした。そこでも精力的に着手していました。当初は、現場でカイゼン活動を"する"立場でした。私は、"カイゼン"そのものは好きでしたが、カイゼン"活動"は苦手でした。学校時代の夏休みの宿題のイメージに似ていたからです。

　当時のカイゼン活動のイメージは、リーダーがメンバーのお尻を叩きながら、トップダウンで進めていくものでした。そして、外部コンサルタントらが用意したフレームワークを埋めていくものが多かったです。私は、上司の求めるものを考え、その答えを見つけようとしていました。上司に認められるため、上司に叱られないために活動をしていた時期もあります。また、期末には成果報告があるため、それに間に合わせようとしていました。期末は、夏休み終盤の追い込みのようでした。

　しかし、カイゼン活動の推進部署に所属する同期社員に出会ってから、考えが変わりました。その同期に、「なぜカイゼン活動するの？　その目的は何？」「それは、意味のあることなの？」「意味がないと思うのならばやめたら？」と言われました。さらに「自分の頭で考えたのであれば、それが合っていようといまいと、それでいいと思う。もっと自分を信じて」「自由に考えてもいいよ」とも言われたのでした。

　それから、自分の頭で考え、自分の言葉で発言するようになりました。視点が外れたり不勉強もあったりして、恥ずかしい思いやお叱りを受けたこともたくさんありました。それでも、自分の頭で考えて続けていると、カイゼン活動にやらされ感はなくなっていきました。自分の足で歩いていると感じられるようになったわけです。

　さらに、遊び感覚が生まれてきました。というより、いたずらっ子に似た感覚でしょうか。「こんなことやったらびっくりされそう」「こんなことを提案したら"ふざけるな"と言われそうだけど面白そう」という感覚でした。叱られるのがわかっていてもやってみたい、という子供時代のいたずらっ子に似た感覚です。

　いたずらっ子になっている自分は、独創的でチャレンジングでした。次々と

考えが浮かんできます。すぐに試したくなりました。

　自分の頭で考え、自分で行動するようになった時期は、改革活動に取り組んでいる人が多数参加する社外の研究会に出たり、技術士（経営工学）や中小企業診断士の資格試験の勉強を始めたりした頃でもありました。多くの人と交流し、専門知識が増えてくると自主性や創造性も高まってきました。その後、社内異動があり、カイゼン活動を推進する職場に異動になりました。そして、組織風土カイゼンのリーダーを務めることになるのです。

　その頃も、カイゼン活動について現場には、やらされ感がありました。社内社外を問わずコンサルから逃げる人も多くいました。カイゼン活動をする時間があれば、日常業務に専念したいという人が多かったのです。

　私は、それを変えたいと思いました。カイゼン活動はトップの号令で始まっても、自分たちのために、自分がスキルアップするために活動するという想いで取り組んでほしいと考えました。

　もちろん、カイゼン活動は、自分たちのためだけではなく、会社のための活動です。そのため、問題発掘は"自分たちのため"という立ち位置から考えますが、カイゼン課題は会社のためでもあるものに設定しました。現場は、自分のためと思えたとき、自由に、創造的に考え始めます。そして、自走し、自立していくからです。過去の自分の経験を活かしました。

　そして生まれたのが、ワイガヤによるカイゼン手法です。もともとは、外部のコンサルタントが編み出したフレームがありました。ただし、課題設定まで1年間をかけるという本格的なものでした。その頃はリーマンショック直後で、スピード感を持った活動を求められていました。そのため、ときには外部コンサルと主張をぶつけ合いながら検討を重ねました。そして大胆な変更を加え、3カ月で取り組めるプランを組んでもらったのです。多少不完全な現状分析や課題設定であっても早く行動し、結果を出すことが狙いでした。

　その後、私は士業の専門家として独立し、中小企業でカイゼン活動を指導する立場になります。中小企業の現場に入ると、カイゼン活動をする時間がないことを改めて痛感しました。そのため、3日間で課題設定するプランを考えたのです。しかし、中小企業の社長に提案すると、3日間も現場を止めるなどとんでもない、という回答が飛んできました。カイゼン活動を数時間しただけで、その間は製造が止まる、あるいは生産性が半分以下になるというところもあったのです。また、現場でも拘束時間が長いことを嫌う人がいました。

そのため、さらに変更を加えました。そして3時間程度で、現場で粗く課題設定する方法に至ったのです。現場の人にとっても、飲み会1回分の時間であるため反応はいいものでした。

　この時期に本書のメインテーマである、ちっちゃな「不」の解消によるカイゼンの手法が出来上がってきました。なお「不」とは、不便、不自由、不足、不安、不平など「不」のつくものです。
　基本的な考え方は以下の3つです。
1. カイゼン活動に対する現場メンバーの興味を引き出す
2. 身近な「不」の解消から取り組み、最初の成功体験をつくる
3. 勝ちグセをつけ、活動を継続できる仕組みをつくる
　最初に、現場にカイゼンをやってみたいという興味を引き出します。その1つが、個別に行う「不」の吐き出しです。このとき、「不」を解消できるかもしれないという興味や好奇心が生まれます。これが、カイゼン活動への最初の意識づけになります。
　また、カイゼン活動では最初の一歩がとても重要です。最初は、小さなものでもいいので、成功体験をつくります。人は成功すると、達成感や充実感などが生まれます。また、ちっちゃな「不」でも解消されれば、心の安らぎが生まれることもあるでしょう。さらに、メンバーみんなで知恵を出し合い、支援し合えれば、仲間とのつながりも生まれます。小さな成功体験でも、仲間と噛みしめることで達成感や充実感が深まります。カイゼンリーダーは、その噛みしめる場をつくり出していくのです。
　そして、「不」の解消を積み上げる中で、また達成感や充実感を得たい、心の安らぎや仲間とのつながりを深めたいという気持ちを育てていきます。これらは、主にワイガヤの"振り返り"の場で行います。振り返りは原則、ポジティブフィードバックで実施します。また、人の強みや才能は、自分では見つけにくいものです。自分が苦労せず、普通にできるところに強みや才能があるからです。振り返りでは、それを掘り下げます。これを通じて、ちっちゃな「不」の解消による達成感や充実感を噛みしめていきます。また、仲間とポジティブフィードバックをし合うことで、小さな安らぎや他者とのつながりを深めます。
　これが、"勝ちグセ"につながります。"勝ち"とは過去の自分に勝つこと、"グセ"は繰り返すことです。"勝ちグセ"とは、この小さな成功体験を積み上

げ続けることです。

　本書のワイガヤでは、一定のルールを設けています。目的は、カイゼン活動に安全で安心と思える場をつくり出すためです。そして、メンバーが自立し、創造的に動けるようにします。さらに振り返りにより、これらの場が成熟していきます。そして、ちっちゃな「不」の解消をしていくと、大きな課題を達成していた、というようになっていきます。

　メンバーが自立して、創造的に動くようになると、カイゼンリーダーもメンバーから元気をもらうようになります。同時に、カイゼンリーダー自身の「不」も解消されます。私は、多くのカイゼン活動を通じて、現場の方々からたくさんのエネルギーをいただいてきました。そして、カイゼン活動に"はまって"いきました。カイゼンリーダーにも、同じように"はまって"ほしいと考えています。

　今、新たな変革の時期を迎えています。このようなときこそ、経営者やリーダーは、現場の人たちの「不」を解消したいという気持ちと向き合ってみてください。そして、その気持ちをカイゼン活動に活かしてください。本書を手にとっていただいた方々、みなさまの成功を祈念いたします。

ちっちゃな「不」の解消
から始めるカイゼン活動
短期間で成果を出して勝ちグセをつける!

目　次

第1章　なぜ、ちっちゃな「不」の解消が
カイゼンにつながるのか
自分たちのために、自分でスキルアップできる方法

第 2 章 カイゼンのエネルギーを減少させること
良かれと思ってやっていること

第 3 章 「不」を吐き出す
カイゼン活動のエネルギー源を探す

第4章 ワイガヤルールで
カイゼン活動の場をつくる
自由で創造的なエネルギーとは

第5章 現場の興味を引き出し、
課題を設定する
カイゼン活動のエネルギーを生み出す

第 6 章 最初の成功体験をつくる
カイゼン活動のエネルギーを大きくする

第 7 章 勝ちグセをつけ、活動を継続できる仕組みをつくる
カイゼン活動のエネルギーを持続させる

なぜ、ちっちゃな「不」の解消がカイゼンにつながるのか
自分たちのために、自分でスキルアップできる方法

　　カイゼン活動は変わる活動です。変わるためにはエネルギーが必要です。そのエネルギーは、現場のカイゼン活動に対する興味や好奇心から生み出します。

　　興味や好奇心は、ちっちゃな「不」を解消したいという気持ちから生み出します。あるいは、「不」が減少するという期待感からも生まれます。そして実際に取り組んで、小さな結果を生み出します。これが成功体験になります。

　　成功体験を積み上げていくと、カイゼンのエネルギーが大きくなり、持続するようになります。そして、気がついたら、大きな成果に結びついていたというようになります。このように、成功体験はカイゼンリーダーにうれしさや喜びをもたらします。カイゼン活動は、「リーダー自身のため」に行うものでもあるのです。

1-1 カイゼン活動には エネルギーがいる

　カイゼン活動とは、一言で言えば、現状を「変える」活動です。カイゼン活動を支援して感じることは、できれば変わりたくないと思っている人がとても多いことです。これが、カイゼン活動に取り組むことが難しく、続かない最大の原因になっています。

■ 人は変わりたくない生き物

　確かに、「現状のままでいると取り残されるように感じる、だから変わりたい」という人はいます。

　しかし、それは少数です。変わりたくないという人にその理由を聞いてみました。「特に困っていません」「不便、不自由はあるが変えるほどではないです」「変えること自体が面倒です」「変えると仕事が増えます」「変えると新たな責任が生じます」など、さまざまです。

■ 変わるには大きなエネルギーが必要

　このような状況を乗り越え、変わるには大きなエネルギーが必要になります。それは、カイゼンリーダーのエネルギーだけでは足りないことが多いです。そのため、カイゼン活動では、現場の人たちのエネルギーをいかに生み出すかがその成否を左右します。

　現場の人は、すばらしいカイゼン事例や良い考え方、優れた事例を聞いても動かないことや動けないことが多いです。それでは、現場に動いてもらうためのエネルギーはどこから生み出せばいいのでしょうか。それは、現場に"楽しそう""面白そう"など、カイゼン活動に興味や好奇心を持ってもらうことです。そこからエネルギーを生み出します。

　この場合、現場の人とは現場のエースを指すのでしょうか。確かに、現場のエースのエネルギーは大きいです。しかし、その少数のエースのエネルギーを合わせただけだと足りません。エースのエネルギーがなくなれば、活動は停滞してしまいます。ですから、1人でも多くの人のエネルギーを足し合わせ、さらには掛け合わせていくことが不可欠です。

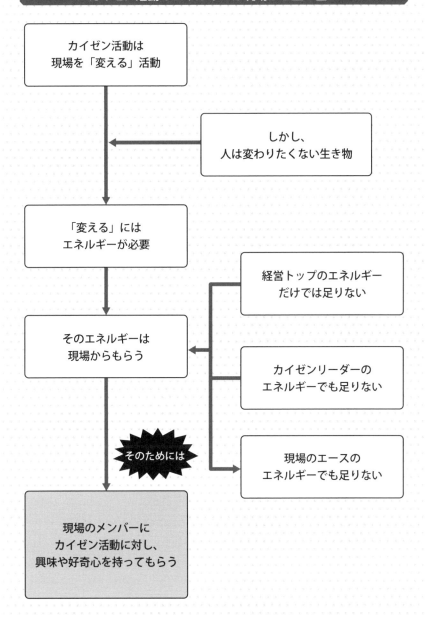

カイゼン活動のエネルギーは現場から生み出す

カイゼン活動は
現場を「変える」活動

しかし、
人は変わりたくない生き物

「変える」には
エネルギーが必要

経営トップのエネルギー
だけでは足りない

そのエネルギーは
現場からもらう

カイゼンリーダーの
エネルギーでも足りない

そのためには

現場のエースの
エネルギーでも足りない

現場のメンバーに
カイゼン活動に対し、
興味や好奇心を持ってもらう

■ 現場のメンバーがカイゼン活動に興味や好奇心を持つには

　現場のメンバー1人ひとりが、カイゼン活動に興味や好奇心を持つようにするにはどうすればいいでしょうか。

　よく用いられている手法は2つあります。1つは報償や表彰などのごほうびを用意することです。もう1つは現場の人の「〜したい」という声、すなわち現場の欲求を聞いて応えることです。

■ 報償や表彰などのごほうびを用意する

　ごほうびは、確かにもらったときはうれしいものです。モチベーションも上がります。しかし、この喜びは経営者やリーダーが思っているより早く冷めてしまいます。また、現場が期待するごほうびと経営者が提供するごほうびとの間には、どうしてもギャップが生まれます。

　あるメンバーから「がんばったのに、これしかもらえないの…」「私、カイゼン活動をやって少しのごほうびをもらうより、自分の仕事をがんばる方を選びます」という声を聞いたことがあります。さらには、「私は、ごほうびには興味がありません。カイゼン活動は、ごほうびが欲しい人たちでやればいい」という声も聞きます。ごほうびの効果は限定的なようです。

■ 現場の方の「〜したい」という欲求を引き出し応えていく

　変わりたくない人が多いと言っても、自分の「〜したい」を満たすためなら、カイゼン活動をしたいと思うものです。たとえ、その欲求が「もっとリラックスして周りの人と話がしたい」などの身近なものであっても、その欲求が満たされそうであれば、カイゼン活動への興味や好奇心を持ってもらえるものです。

　また、欲求が満たされなくても、その欲求を単に聞いてもらえたというだけで、うれしかったという場合が少なくありません。この自分たちの想いを聞いてもらえた、さらに共感してもらえたということが、カイゼン活動の最初のエネルギー源になります。そして、カイゼン活動を進めていくにはこのエネルギーを少しずつ大きくし、長持ちするようにしていきます。

One Point　カイゼン活動のエネルギーは現場からもらう

現場のメンバーに好奇心や興味を持ってもらうには

	メリット	デメリット
①ごほうび	○もらったときは、とてもうれしい ○比較的簡単	○熱が冷めやすい ○与える側と与えられる側で期待にギャップが生じやすい ○「ごほうび」はいりませんから、カイゼン活動は勘弁してください」という声も出る
②「〜したい」という欲求に応える	○自分のしたいことだから興味が湧く	○「〜したい」がない ○「〜したい」をカイゼン活動の課題に結びつけるのが難しい ○「〜したい」にすべて応えられない

1-2 現場の欲求を見えるようにする

　現場の「〜したい」という欲求は、カイゼン活動のエネルギー源になります。では、その欲求をどのようにして、見えるようにしていけばいいでしょうか。

　確かに、現場の人にやりたいこと、目指す姿などの「欲求」を直接聞いて吐き出してもらうことは、一定の効果があります。しかし、この現場の「欲求」を吐き出してもらうことが、多くのカイゼン活動では難しいのです。

■「欲求」の吐き出しは抽象的になる

　カイゼン現場で「みなさんの『〜したい』という欲求をお聞きしたいです。自由に吐き出してくれませんか？」と問いかけると、多くの場合、「残業をなくしてほしい」「時給を上げてほしい」「作業が大変なのでどうにかしてほしい」など、すぐには応えられないものや抽象的なものが多くなります。

　これらの欲求が抽象的であったり、経営にも関係することであったりすると、すぐに応えることは難しいのです。

■「欲求」を吐き出すとき、心理的な制限がかかる

　「〜したい」という欲求を吐き出すと、上司や周りから「すぐにやったら？」とその場で言われることがあります。あるいは、後になって「あなた〜したいと言ってましたよね。（今の仕事に加えて）やってもらえませんか？」とそのときの発言を持ち出されることがあります。

　欲求を吐き出すときにそのようなことが頭に浮かび、吐き出し自体をためらうのです。つまり、欲求の吐き出しにはリスクがあると感じるようです。

■「欲求」の吐き出しにはトレーニングが必要

　自分はこの工場で何がしたいのかについて、普段から考えている人はそれほど多くいません。単に稼ぎに来ているだけと考えている作業者も一定数います。その場合、欲求を吐き出してください、という質問に戸惑うようです。

　忙しい職場では、目の前の仕事で精一杯という人もいます。言葉で表現する

現場の欲求をカイゼン課題に落とし込むことは難しい

○「時給を上げてほしい」という欲求の場合

> 「時給を上げてほしい」という欲求を満たすために作業改善に取り組んだとしても、現場は「本当に時給アップにつながるの？」と活動に実感を持てていない場合が多いです。たとえば作業改善に取り組んだ結果、1時間に100個つくれたものが200個になったとしても、時給は2倍にはならないからです

カイゼンの達人

> 損益計算書の構造を知っている経営者には当然のことで、この作業がボトルネック工程でなければ、工程全体のスループットも上がりません
> 「時給を上げてほしい」という欲求に対し、その人が作業改善をして生産性が2倍になっても、時給2倍には応えてあげられません

○「作業が大変なので助けてほしい」という欲求の場合

> 「作業が大変なのでどうにかしてほしい」という声に対しては、
> 　○その作業は、どのような作業なのか
> 　○大変ということは、難しい作業のこと（作業の質）
> 　　なのか、作業がたくさんあるのか（作業の量）
> が見えないと応えにくいのです

カイゼンの達人

> 現場の作業者の中には、言葉で表現することが苦手な人もいる！

こと自体が苦手という人もいます。「〜したい」という感覚的なことを言葉にすることは難しい、と感じる人も少なくありません。

　そのため、改めて、「〜したい」と思うものを吐き出してほしいと促しても、「今は思い浮かびません」という反応がほとんどです。あるいは、言葉に詰まっているような反応が多数を占めます。ですから、欲求はその場で改めて考えてもらうことが多いのです。

■ カイゼン活動では吐き出しの "件数" を多くする

　吐き出しの "件数" が多いほど、現場のエネルギーは高まる傾向にあります。「欲求」の吐き出しの場合、"件数" は多くなりません。それでは、どうすればいいでしょうか。

　「〜したい」という欲求を直接吐き出してもらうのではなく、「〜を解消したい」「〜を軽減したい」というように「ネガティブなものを解消したい」という欲求を吐き出してもらいます。それらは、ストレスであることが多いです。ストレスの吐き出しの場合、発言が欲求より具体的になります。責任などは発生しないため、言い放しで結構です。のど元まで出かかっているものを吐き出すだけですから、トレーニングも必要ありません。

　また、人は吐き出ししているうちに頭の中が整理され、問題の深掘りにつながることがあります。吐き出すうちに、いい言葉、そして本質が見つかる期待も膨らみます。

■ 理性を保ち「不」を吐き出す

　しかし、現場の人に、ストレスをそのまま吐き出してもらう場をつくると、理性より感情が優位になります。そうなると、客観的な判断が鈍くなって課題が見つけにくくなり、吐き出し自体も収拾がつかなくなります。さらに、吐き出したこと自体に満足して、その後の行動につながらないこともあります。

　そこで理性を保ちながら、ネガティブなものを解消したいという欲求を吐き出すようにする仕掛けが必要です。その方法が、不自由、不便、不安、不平、不満などの「不」を吐き出すことになります。

One Point 現場の欲求を「不」の吐き出しで見えるようにする

「～したい」をカイゼン活動の課題に結びつけるのが難しい理由

「～したい」を吐き出し
カイゼン活動の課題に結びつけることが難しい3つの理由

吐き出しが 抽象的になる	○残業をなくしてほしい ○お休みがほしい ○時給を上げて！　賞与を上げて！

「～したい」の 吐き出しに 心理的な ブレーキがかかる	○「すぐにやったら」と言われるので ○「やりたいって言っていたんだから 　責任を持ってやってね」と言われそう…

トレーニングが 必要	○「～したい」ことを出してくださいと言われても 　これと言って思い浮かばない ○お給料をもらいにきているだけなので、したいこ 　とは特にない

1-3 ちっちゃな「不」の吐き出しからエネルギーを生み出す

　カイゼン活動は、現場のストレスを解消または軽減するために行います。現場は、自分たちのストレス軽減のためなら面白そう、やってみようという興味が湧いてきます。これをカイゼン活動のエネルギーにしていきます。

■カイゼン活動の吐き出しでは、ストレスではなく「不」を吐き出す

　ストレスを吐き出すときは、人間関係など感情的なものの吐き出しがメインになります。一方、「不」の吐き出しの場合は、仕事の質・仕事の量など感情以外のものの吐き出しが多くなります。これらは、比較的理性的なものです。理性的な吐き出しをすると、問題点の掘り下げやカイゼンアイデアの発掘もしやすくなります。

　そして、「不」の吐き出しの場合も、ストレスの吐き出しと同様にトレーニングは不要です。のど元まで出掛かっている「不」を吐き出してもらえばいいからです。したがって、カイゼン活動では「不」の吐き出しを行います。

　一方、「不」の吐き出しは、比較的理性的と言ってもそのまま行うと、現場にネガティブな雰囲気を生み出します。不平不満の吐き出し大会になると、収拾がつかなくなります。また、不平不満などはあまり聞きたくないという人が、少なからずいます。そこで、このようにならない仕掛けが必要です。詳しくは第4章で紹介しますが、ポイントを一言で言えば、「不」を"人"で表現せず、"仕組み""行為"や"状態"などの事実で表現するということです。そして、カイゼンリーダーは人に敬意を払うよう注意を促します。

■「不」の吐き出しとストレスの吐き出しの比較

　現場の作業者に対し、以下のお願いをしたとします。1つめは「不自由、不便、不安、不平、不満」などの「不」を吐き出しをしてくださいというもので、2つめは職場などの「ストレス」の吐き出しを促すものです。「不」は理性優位、「ストレス」は感情優位になる傾向にあります。

　たとえば、「言った通りにやらない人がいる」「いつもしゃべってばかりの人がいる」「手が動いていない人がいる」「いつも早く帰る人がいるのに、自分は

ストレスと「不」の関係

「仕事や職業生活に関することで強い不安、悩み、ストレス」
の調査結果上位3つ

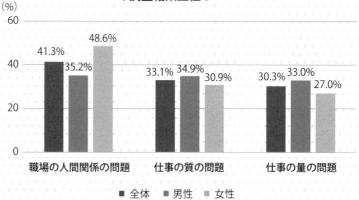

出所：平成24年労働者健康状況調査（厚生労働省大臣官房統計情報部）

2位の仕事の質と3位の仕事の量に関するストレスは、
「不」の吐き出しをすると必ずと言っていいほど出現
1位の職場の人間関係もコミュニケーションの「不」として現れやすい

「不」の解消に取り組むことは、
現場のストレスの解消にも効果がある

いつも残業」「自分は大変な仕事ばかり任される」など、他人に原因があるような吐き出しです。ときには、その場にいない人の個人攻撃になることもあります。

　特定の人に原因があるという雰囲気になると、その原因を取り除くには原因となっている人に変わってもらうか、他へ異動してもらうなどの解決案が出てくるようになります。

　カイゼン活動で、人を変えることは困難です。ましてや、人を変えることを課題にはできません。カイゼン活動の課題にできるのは、人材育成くらいまでです。人権尊重という大事な理念もあります。

　ですから、現場に対して人に関するストレスを吐き出してもらうこと、その中からカイゼン課題を発掘すること、そして課題を設定することは難しいのです。

　1つめの「不」の吐き出しの場合、ルールを決めて行うと、理性優位でできるようになります。そのルールは、「不」を仕組みや行為などで表現してもらうことです。

　たとえば、「言った通りにやらない人がいる」という人に関するストレスがあったとします。これに対して「不」の吐き出しでは、「作業標準が決められていない」「作業標準通りに作業されていない」「作業指示が伝わっていない」などの仕組みや状態で表現するのです。

　「人」で表現しないルールを事前に伝えると、現場は吐き出す前に考えるようになります。そのとき、理性優位に切り替わります。そして、問題の掘り下げが行えるようになるのです。

　上の例で、「言った通りにやらない人がいる」ということは、カイゼン課題に落としにくいですが、「作業標準が決められていない」「作業標準が守られていない」ときは比較的簡単にカイゼン課題に落とし込めるのです。

　そして、「不」の解消に取り組むことは、仕事の質と仕事の量が原因のストレスの軽減につながります。その期待感から、ちっちゃな「不」の吐き出しでも活動のエネルギーを生み出すことにつながるのです。

One
Point　「不」の吐き出しはルールを決めて、理性的に行う

欲求の吐き出しの比較

解消したいものの欲求（間接的欲求）		直接的欲求
①「不」の吐き出し	②ストレスの吐き出し	③「欲求」の吐き出し
①具体的	①具体的	①抽象的
例：コミュニケーションがとれていない	例：言った通りにやらない人がいる	例：給与アップ、休み多くしてほしい、仕事に余裕がほしいなど
②自由かつ理性的 ○発言しやすい ○言いっぱなしでいいことが多い ○のどに詰まった言葉を吐き出せばいい ○理性的なので掘り下げやすい ○仕組みや作業内容などの吐き出しがしやすい	②自由かつ感情的 ○発言しやすい ○言いっぱなしでいいことが多い ○感情的になるため、深く掘り下げにくい ○属人的な吐き出しになりやすい	②制限的かつ理性的（安全ではない） ○言ったことに責任が生じるので発言しにくい ○じっくり考えて吐き出すことが必要
③トレーニングが不要 ○「不」は普段から考えている人が多い ○メンバー全員が吐き出しに参加しやすい ○ネガティブ思考にはトレーニングは不要	③トレーニングが不要 ○「不」は普段から考えている人が多い ○メンバー全員が吐き出しに参加しやすい	③トレーニングが必要 ○将来をイメージすることに慣れていない ○言語化することが難しい ○普段から考えているメンバー中心の吐き出しになる ○ポジティブ思考にはトレーニングが必要

1-4 カイゼン活動のエネルギーを大きくする

　次に、ちっちゃな「不」の吐き出しで生まれたカイゼン活動のエネルギーを、大きなうねりに増幅していきます。そのポイントは以下の通りです。

■ 課題はできるだけ小さくして身近なものから着手する

　詳しくは第3章で述べますが、「不」の吐き出しにはワイガヤという手法を用います。ワイガヤは“昼間の赤ちょうちん”と呼ばれるように、ざっくばらんに「不」をみんなで吐き出します。ワイガヤをすると、多くの人は「思っていたことが言えてスッキリした」「周りの仲間も同じことを感じているとわかってよかった」「普段、話せないことが言えてよかった」などの感想をよく聞きます。ワイガヤによって、カイゼン活動は「面白そう」「楽しそう」など興味を示してもらうことが可能です。

　次は、課題を決めて、最初の一歩を踏み出す段階になります。この段階で注意すべきことで、起こりやすいことは2つあります。

　○ワイガヤで好きなことを言って満足した。それで終わり
　○実際の行動は、面倒くさいから、忙しいからなどの理由で後回し

　このようにして、多くは自然消滅してしまいます。ワイガヤで一度は盛り上がり、その後冷めてしまったものを再び温めることはとても難しいです。冷めてしまったものを温めるのは、マイナスからのスタートと同じです。

　ですから、ワイガヤ後に最も大切なことは、すぐに課題に手をつけることです。そのためには、課題はできるだけ小さくして、身近なものにする方が取り掛かりやすいのです。

■ 時間を置かず、すぐに行動する

　ワイガヤで吐き出した「不」のうち、すぐに取り掛かれるものはもちろんすぐに着手します。同時に、本質的な課題で重たいものも出てきます。このような課題は、できるだけ小さく分解します。そして、ベビーステップで取り組みます。これにより、できるだけ早く小さな成功体験を生み出します。それが、カイゼンのエネルギーを大きくしていくことにつながります。

ワイガヤ（昼間の赤ちょうちん）でメンバーの心に火をつける

ワイガヤの感想

思っていたことが
言えてすっきりした

普段、話せないような
ことが言えてよかった

周りの仲間も同じようなことを
感じているとわかってよかった

この盛り上がりが
冷めないうちに

すぐに行動する

このスタートダッシュが、カイゼン活動
のエネルギーを大きくする！

すぐに結果を出す

カイゼン活動の成否を決める

 そのためには

身近な課題、すぐに着手できる課題、
多くのメンバーで取り組める課題ほどいい

ワイガヤから最初の行動までの時間が短いほど、そのエネルギーは大きくなります。そのためカイゼンリーダーは、ワイガヤの前からすぐに取り掛かれるよう準備しておくことが肝要です。

■ できるだけ多くのメンバーで取り組む

課題に取り組むメンバーはできるだけ多くします。理由は2つです。

1つめは、1人で行動するより、複数人で行動する方が推進力が大きくなります。簡単に思えるようなことでも、1人で行うと躊躇したり、億劫に思えたりすることもあります。複数人で行うと、その小さなストレスが軽減します。最初の一歩を踏み出しやすくなります。

2つめは、仲間意識が生まれます。小さなことでも成功を体験するとうれしい気持ちが生まれます。このうれしい気持ちは、1人で得るのと複数で得るのとでは、後者の方が大きくなります。

きれいな景色を1人で見るのと、友達や家族などと一緒に見るのとでは、後者の方がうれしい気持ちが大きくなります。これに似ています。

「1人で見るときのうれしさ＋もう1人が見るときのうれしさ＋仲間と見るときのうれしさ＝うれしさの総量」というようなイメージです。

小さな課題に取り組むカイゼン活動は地味ですが、このように複数で取り組むことで、できたときの達成感と充実感は倍増するのです。

■ 第一歩がカイゼン活動の成否を分ける

このように小さな課題を設定し、多くのメンバーですぐに第一歩を踏み出します。この第一歩が、カイゼン活動の成否を分ける重要な要因です。

多くのカイゼン活動を見てきた私の経験では、この第一歩でその後のカイゼン活動が上手く進むか、苦戦するか予想がつくほどです。2つの事例があります。1つめは事前の検討が浅く、危っかしいようでもすぐに第一歩を踏み出すもの。2つめは正攻法でキチンと考えて進めるが、第一歩は早いとは言えないもの。カイゼン活動では、前者の方が成功しやすいのです。一歩目が上手くいくと、カイゼン活動のエネルギーは大きくなっていくものです。

 One Point 「不」の吐き出し後は、身近な話題にすぐ取り組む

最初の課題の決め方

| できるだけ小さく身近なものにする | ○小さい課題の方が行動しやすい
○身近なものの方が、興味や好奇心が湧きやすい |

 そして

| すぐに行動できるものにする | 例：棚が乱れているので整理・整頓する

○ワイガヤ直後が一番気持ちが乗っている
○早く行動して成功体験を得る
○これがカイゼン活動の成否を決める |

 そして

| 多くのメンバーで取り組めるものにする | ○1人より多くで取り組む方が安心
○最初の一歩を踏み出しやすい
○お互いにペースメーカーになれる
○仲間意識が生まれる

例1：作業机の横に仕掛部品用の小さなテーブルを置く

例2：作業の進み具合やちょっと気になる点などを、みんなで声に出して伝え合う（声掛け運動をする） |

1-5 カイゼン活動のエネルギーを持続させる

　「不」の吐き出しでエネルギーを生み出し、小さな成功体験をつくってエネルギーを大きくしました。トップやリーダーが描く目標を達成するためには、このエネルギーを持続させていくことが必要です。

　エネルギーを持続させていくにはベビーステップで進めます。ここで、通常のステップとベビーステップの進め方の違いを比較します。

■ 通常ステップのので取り組む場合

　たとえば、廃棄ロス30%削減のカイゼン課題に取り組んだとします。このとき、廃棄ロスに関わる作業者を中心にチームを構成します。課題を設定し、アクションプランをつくって実行に移します。

　多くの場合、カイゼン活動は日常業務が忙しい中でも行います。そして、工程内の優秀な人（エース）が中心になって進めることが多いです。このエースには業務が集中しています。そのためカイゼン活動を、締切間際に集中力を発揮して取り組むことも多いです。辻褄合わせのように取り組むのです。

　通常、比較的大きな課題を設定し、大きなステップで短期集中的に取り組むことが多いのです。そのため苦労して、目標を達成できたとき、その当事者は大きな達成感や安堵感を得ます。社内のカイゼン活動報告会などで表彰され、ごほうびを受ければ、喜びも大きくなります。そして、表彰されごほうびをいただいた後は、日常業務に戻ります。一方、カイゼン活動の方は「少し、のんびりしましょう」となります。これが多くのカイゼン活動です。

　そしてカイゼン活動の熱は冷め、次のカイゼン課題に取り組むときのエネルギーは、またゼロから生み出すことになります。中には、燃え尽きてしまい、カイゼン活動は当分やらなくていい、という場合も少なくありません。

■ ベビーステップで取り組む場合

　たとえば、残業ゼロに取り組んだとします。ベビーステップの場合、各自ができることを考え、小さな課題を設定して取り組んでいきます。ただし、各自が思いついたまま取り組むのではありません。残業になっている原因を考え、

エースが中心のカイゼン活動

通常のステップで取り組む場合

日常業務で忙しい

最初の一歩が重くなる

エース

実際に取り組む
のはエース

私たちは
サポート役

エース以外の方

カイゼン活動はエースを
育てるいい機会

課題はエース中心
で取り組んだ方が
早い

課題はエースが取り組むもの
それ以外の人に任せるもので
はない

ありがちなカイゼンリーダー

この場合

エースが息切れするとカイゼン活動も停滞する

優先順位をつけて課題に取り組みます。

　たとえば、残業の原因が、ボトルネックになっているＡ工程だったとします。ここで、ボトルネックについて補足します。Ａ工程の生産性が高くなれば残業が減るような場合、このＡ工程をボトルネックと呼んでいます。

　Ａ工程の作業者は自分たちの生産性向上のアイデアを考えます。Ａ工程以外の作業者は、Ａ工程の生産性を向上のために自分たちができることを考えます。Ａ工程の作業者が、ボトルネック工程の作業時間を多くとれるように、自分たちは何ができるかを考えるのです。

　Ａ工程の作業者の「掃除当番を替わってあげる」でもいいのです。それでもＡ工程のボトルネックの解消につながります。そうすると、Ａ工程のメンバーから感謝されます。替わった人の充実感にもつながります。そして、Ａ工程を支援する人が増えていきます。このようにベビーステップで進めると、カイゼンの輪が広がりやすくなります。工場全体で支援し合うという関係も生まれやすくなります。これがカイゼン活動のエネルギーが持続する源です。

■ ベビーステップの場合、カイゼン活動のエネルギーは消えにくい

　ベビーステップの1つひとつの成果は、カイゼン活動の報告会などでPRできるようなものにはなりません。「掃除を替わってやりました！」という成果を発表することにはなりにくいのです。そのため、「成果発表会には向かない」という声を聞きます。しかし、これが現場に活動が広がっている証なのです。カイゼンが進んでいる工場ほど、小さなことに地道に取り組んでいます。そして、発表会でもベビーステップの1つひとつを報告しています。質より量の報告になっていますが、しっかり結果も生まれています。

　そしてベビーステップの場合、カイゼン活動のエネルギーは消えにくく、逆に大きくなりながら持続します。たとえば、パートナーにプレゼントをして喜ばれたとします。年に一度の豪華な誕生日のプレゼントより、毎日の小さな言葉や気遣いのプレゼントの方が幸せだということを聞きます。カイゼン活動もこれに似ていて、達成感（喜び）の質より量の方が長く続きます。そして、気がついたら大きなカイゼンにつながっていた、ということが意外と多いのです。

One Point　ベビーステップで達成感（喜び）の回数を増やす

ベビーステップと通常ステップの比較

	ベビーステップ	通常のステップ
課題の大きさ	小さい	比較的大きい
課題の種類・範囲	広い	狭い
達成感	小さい	大きい
キーパーソン	多い（全員も可）	少ない（一部のエース）
活動の輪	広い	狭い
継続性	強い	弱い
周囲へのPR度	小さい	大きい

ボトルネックの作業者以外ができることは、どんなことがある??

現場の作業者

このように、小さなことを支援し合うことの方が大事

たとえば、A 工程の事前準備の一部を行うなど。あるいは、A 工程のメンバーの掃除当番を替わりにやるでもいい

カイゼンの達人

カイゼン活動が上手く進んでいる工場ほど「自分たちは大したことやっていないよ」という言葉が聞こえてくる

小さなことを支援し合い、達成感を得るために重要なのが、「振り返り」（第4章で述べる）

1-6 リーダー自身のために カイゼン活動をする

　カイゼン活動は、現状を変える活動です。変えるには大きなエネルギーを要します。そのエネルギーはどこから得るのでしょうか。

■トップの威光を借りてエネルギーにする

　ここでのトップの威光とは、トップからの直接の号令であったり、カイゼン活動を宣言している事業方針や事業計画であったりします。あるいは、リーダー自身の強力なトップダウンを用いる場合もあります。

　現状を変える活動ですから、現場とカイゼンリーダーとの間に多少の壁は生じます。これを突破するために、上記のようなパワーを活用すると考えているリーダーも一定数います。さらに、カイゼンリーダーは現場と闘うので、強靭な精神力が必要と考えている人も多いようです。

　多くの場合、カイゼンリーダーは経営者や上司から任命され、従来の業務を行いながら取り組みます。また、上から求められる結果を出さなくてはいけないと感じる人は普通にいます。中には、体裁を整えるように活動をする場合もあります。この場合、一時的には、カイゼンの体裁は整ったが定着しない、あるいはリバウンドすることになります。

　このように、カイゼンリーダーも最初は受け身で取り組むことは少なくありません。そのため、最初はトップの威光を借りて活動を進めるのです。

■カイゼン活動に取り組むときのリーダーのマインド

　このマインドの結論は、「"リーダー自身のため"にカイゼン活動をする」です。

　自分のためということは、自分が楽になるから、自分が元気になれるから、面白そうだからという意味です。もちろん、カイゼン活動には、強靭な精神力や現場との壁を突破するエネルギーなどは不要です。

■カイゼンリーダーのストレスの原因

　その原因を聞くと、必ずと言っていいほど人間関係が出てきます。人間関係

カイゼンリーダーの考え方の比較

あるカイゼンリーダーの考え方

カイゼン活動は、現状を変える活動
変えるためには大きなエネルギーがいる
そのエネルギーはどこから得るといいか？

あるカイゼンリーダー

カイゼン活動は、トップの
威光を借りて進める

カイゼン活動は、リーダーの
強力なトップダウンで進める

現場との間に多少の壁が生じても、
これらのエネルギーで突破していくもの

 さらに

現場と闘うので、強靭な精神力が必要と考えている人も

別のカイゼンリーダーの考え方

別のカイゼンリーダー

現場が興味を持っている
取り組んでいる姿、がん
ばっている姿を見て、リー
ダーは元気をもらう

自分が楽になるから、面
白そうだから、自分自身
のためにやる

は、リーダーと上司との関係、リーダーと現場との関係の2つに大別されます。

　上司との人間関係では、たとえばカイゼン目標が高すぎることがあります。そのため現場を変えることは大変、などというストレスです。簡単ではない場合もありますが、これらはカイゼン活動で結果を出せば減る傾向にあります。

　一方、現場との人間関係では、たとえば現場の「不」を受け止めることなどからくるストレスです。「忙しすぎるので何とかしてください」「楽をしている人がいるので公平にしてください」などを聞くことです。これらは、現場の「不」を軽減できれば良くなる傾向にあります。

■ 活動は現場のため、会社のため、そしてリーダー自身のために行う

　カイゼン活動では、徹底的に現場の「不」を解消していきます。「不」の解消の積み上げが、カイゼン活動の目標達成につながります。

　もちろん「不」の解消は、現場のためになることです。そして、現場のちょっとしたストレスが軽減され、活動に対して興味や喜びが生まれることを目指します。それが積み上がり、現場が生き生きしてくれば、カイゼンリーダーも取り組んでよかったと思えるようになります。

　現場が興味を持って取り組んでいる姿、注力している姿を見ることでリーダーは元気をもらうのです。それが、リーダー自身のためになります。つまり、カイゼン活動は現場のため、会社のため、そしてリーダー自身のために行うものです。

　"リーダー自身のため"と思えることが、カイゼン活動でとても大切な考え方になります。リーダー自身のためと思えたとき、カイゼン活動を楽しめるようになります。面白いことを仕掛けてみようという遊び感覚も生まれます。そして、アイデアもたくさん生まれ、自然と行動するようになり、チャレンジもしたくなります。

　そのリーダーの様子を見て、メンバーも動き始めます。そうなると、リーダー自身もカイゼン活動にはまってきます。本書を読み、実際に取り組んでその感覚が生まれることを期待します。

> **One Point** 現場の「不」の解消はリーダーのため、でもある

カイゼンリーダーのストレスの原因の多くは人間関係

1つは、上司との関係
たとえば、カイゼン目標
が高すぎること、現場を
変えることは大変である
ことなどからくるもの

1つは、現場との関係
たとえば、現場の「不」
やストレスを受け止める
ことなどからくるもの

そして

カイゼン活動では徹底的に
現場の「不」を解消

現場のちょっとしたストレスが軽減される
カイゼン活動に対して興味や喜びが生まれる
それが積み上がって現場から感謝を受ける

カイゼンリーダーも取り組んでよかったと思える

現場が興味を持って取り組んでいる姿、
注力している姿を見て、リーダーは元気をもらう

"リーダー自身
のため"と思え
ることが大事

さらに面白いことを仕掛けてみよう、と思える
ような遊び感覚が生まれたらしめたもの

カイゼンの達人

カイゼンリーダーはワイガヤから元気をもらう

　ワイガヤでは、メンバーは自分の力で「不」を見つけ、自分の頭で考えています。どんなに小さなことでも、他の人から見て常識と言われるようなことでも、自分で考えて発言した言葉には光るものがあります。その言葉が生まれたときに、エネルギーが生まれているようにも感じます。ですから、それらを受け止めると元気になるのです。

　進行役をしていると、上手くいくワイガヤにはある共通点が見出せます。進行役が聞き役に回っているときは、上手くいっています。一方、進行役が話し手になっているときは、後味が良くないです。話し手になるというのは、「不」が吐き出されるように促している場合が多いからです。

　カイゼンリーダーの中には、自分がカイゼン活動を引っ張っていこう、自分の思いを伝えようと高いテンションで臨む人もいます。その意識が高すぎるときは、一呼吸おいて聞き役になることを勧めます。聞き役になっているときは、カイゼンリーダーもたくさんエネルギーをもらっています。そして、現場も自由に話ができて楽しい時間です。これを見守れるようになることも、リーダーが身につけたいスキルの1つです。

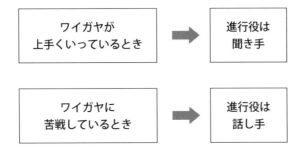

第 **2** 章

カイゼンのエネルギーを減少させること
良かれと思ってやっていること

・・・・・・・・・・・・・・・・・・・・・・・・・・・・・

　カイゼン活動をトップダウンで始めることは多いです。そして、カイゼンリーダーは経営トップの御旗を掲げて進めます。"Vision〇〇〇〇"のようなプロジェクト名に、経営トップの威光を重ねて進めることもあります。小さな課題では現状の延長線でしかなく、現状を一変するために大きな課題を設定して根本から変える方法やカイゼン効果を早期かつ確実に出せるよう、エースを中心に取り組む方法もあります。

　これらは、一時的には大きな成功に結びつくことはありますが、活動の第2陣以降は苦戦することが多いようです。その様子は"カイゼン疲れ"とも言われています。カイゼン活動を成長・継続させるには、現場のメンバーに興味や好奇心を引き出します。カイゼン活動は面白そう、何か変わりそうという興味や好奇心を持ってもらうことから取り組むのです。

　カイゼン活動のテーマの多くは、経営課題や事業計画などから決まります。経営課題に挙げられた生産性向上、コスト削減、働き方改革などの取り組みを推進するために、カイゼン活動を立ち上げるのです。

　それを受けて、工場長や製造部長たちが"○○製品の製造ラインの生産性△△％アップ"、"残業月□□時間以内"などのカイゼン活動のテーマを決めます。それと同時に、カイゼンリーダーやカイゼンプロジェクトのメンバーを任命します。

　これらはトップダウンによる推進の一例です。この場合、カイゼン活動をやれと言われたから取り組む、カイゼン活動は業務だからやる、というようになります。つまり、受け身で取り組むようになるのです。

■ カイゼン活動自体に意味・意義を見出せない

　「カイゼンは、個々が業務の中で工夫するもの。みんなでやるものではない」「カイゼン活動をするより、溜まっている業務を早く終わらせたい」「以前にカイゼン活動をしたがブームで終わった」という人が少なからずいます。つまり、自分の場合、カイゼンはすでにやっています、あるいは、カイゼン活動をしてもあまり変わらないので、自分は粛々と担当の業務をするという人です。こうした人たちは、活動自体に意味や意義を見出せていないのです。

　ある会社の事例です。カイゼン活動をして、「利益を出せるようになれば給与をアップする」と社長が宣言していました。その後、ある担当者は、生産性を50％アップさせました。しかし、時給は少ししか上げてもらえなかったそうです。別の事例では、作業改善に取り組みました。苦労して作業マニュアルをつくったにもかかわらずその後、あまり使われませんでした。そして、カイゼンの実感を得られませんでした。

　このように、過去に何度かカイゼン活動に取り組んだもののあまり変わらなかった、あるいは取り組んでよかったという実感を持てない人もいます。頑張った分に対するリターンが得られなかったという人もいます。それが受け身につながる場合でもあるわけです。

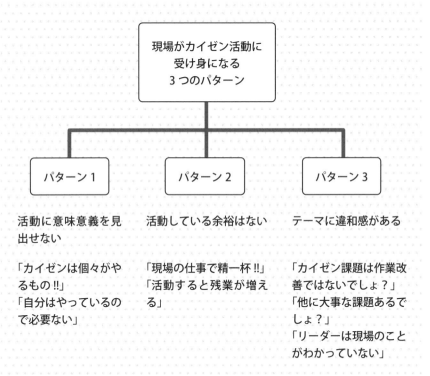

現場のメンバーがカイゼン活動に受け身になるのは

現場がカイゼン活動に
受け身になる
3 つのパターン

パターン 1

パターン 2

パターン 3

活動に意味意義を見
出せない

活動している余裕はない

テーマに違和感がある

「カイゼンは個々がや
るもの !!」
「自分はやっているの
で必要ない」

「現場の仕事で精一杯 !!」
「活動すると残業が増え
る」

「カイゼン課題は作業改
善ではないでしょ？」
「他に大事な課題あるで
しょ？」
「リーダーは現場のこと
がわかっていない」

■ カイゼン活動をしている余裕がない

　カイゼン活動自体には賛成でも、日常業務でお腹いっぱいの状態です。カイゼン活動をする時間がない、活動の優先順位が上がらないという場合です。ある工場では、カイゼン活動のために残業が増えたり、休日を返上したりすることもありました。

　業務時間内に工夫をして時間を捻出しても、それをカイゼン活動に奪われることを懸念する人がいます。これは、過去にカイゼン活動をして、有益だったと思えるような経験が得られなかった場合に多いです。カイゼン活動に対するメリットを感じられないことで、気持ちの余裕もなくなるのです。

■ カイゼン活動の課題の優先度に違和感がある

　カイゼン活動に取り組むことには賛成でも、テーマに違和感を抱くメンバーもいます。カイゼン課題は、上位の事業方針や事業計画から降りてきたものであることは現場も理解できています。しかし、その優先順位にメンバーが違和感を抱く場合もあるようです。

　たとえば、「カイゼン活動で取り組むテーマの生産性向上は納得できる。しかし、今の課題は"作業改善"ではないでしょう？　今は、工程間のコミュニケーションですよ。ここをカイゼンして、下流の"手待ち"を解消することが先！」と現場が感じている場合です。こうなると、「上は現場のことがわかっていない」と感じるようになります。

■ 受け身で取り組むメンバーが多いときの方策

　この場合、経営トップやカイゼンリーダーが、トップダウンで課題に取り組む必要性を論理的に説明しても上手くいくとは限りません。現場のメンバーは「言っていることはわかるけど…」と頭で理解するにとどまります。自ら積極的に動こうとはしないのです。メンバーの感情脳に響いていないと言えます。

　メンバーの感情の部分に響かせるには、活動に興味や好奇心を持ってもらうことです。それには、活動が自分たちのため、仲間やお客様のためと感じ取れる課題に取り組みます。

One Point	トップダウンが強いと現場は受け身になる

カイゼン活動をトップダウンで進めると

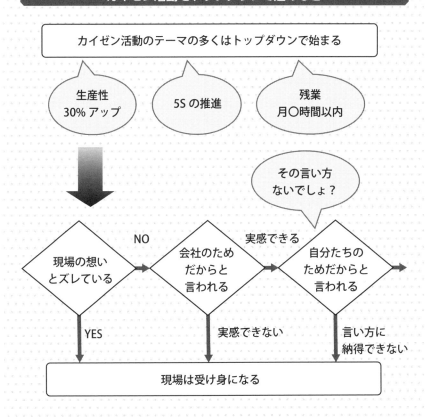

カイゼン活動のテーマの多くはトップダウンで始まる

生産性
30% アップ

5S の推進

残業
月〇時間以内

その言い方
ないでしょ？

現場の想い
とズレている

NO

会社のため
だからと
言われる

実感できる

自分たちの
ためだからと
言われる

YES

実感できない

言い方に
納得できない

現場は受け身になる

★想いがずれると受け身になる
★実感できないと受け身になる
★伝え方が不適切だと受け身になる

2-2 大きなステップで取り組む

生産性向上の課題に対して、大きなステップと小さなステップで取り組むことを考えてみます。

■ 大きなステップでの取り組み

たとえばカイゼン課題として、1日の生産量を200個から300個に引き上げることを掲げたとします。それを2〜3つ程度の少ないステップで進めるというものです。この場合、1つのステップは比較的大きくなります。これが大きなステップです。

工場によっては、上記した1日の生産量300個の課題を、1つのステップで取り組むところもあります。

■ 小さなステップでの取り組み

同じ生産性向上のための取り組みですが、最初のステップを身近なものにします。たとえば、"部品を取り出しやすいように部品箱の位置を正面にする"などです。このような小さなステップを積み上げる進め方です。

■ がんばっているリーダーほど大きなステップで取り組みたがる

大きなステップを設定したくなる主な理由は以下の通りです。

○現場の意識を大きく変えたい。小さなステップでは現状の延長線上にしか到達できない

○早くカイゼンしたい。そのためには小さく進めるのではなく、大きく大胆に進めたい

○100点満点中30点程度と、いつもカイゼン活動の目標に達しない。そこであえて大きな目標を掲げ、小さな目標（真意の目標）に達することを狙う

これらは目標を高く掲げ、大きなステップで取り組むことで成果を早く出そうとしています。

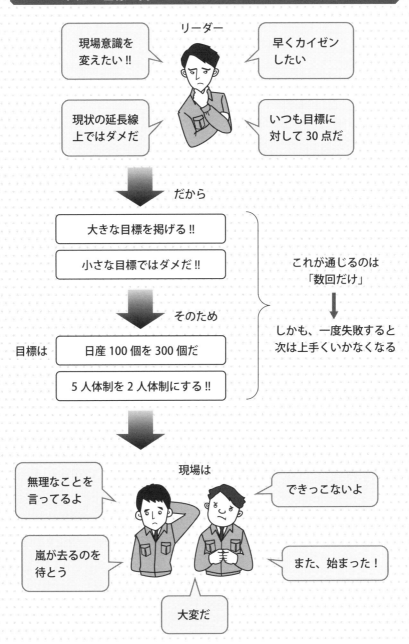

■ 大きなステップで実施したときの現場の受け止め方

　その結果、現場からは「できっこない」「無理なことを言っている」「これから大変だ」などの声が挙がります。ネガティブな雰囲気も生まれます。そのため、勉強家で熱意のある経営者やカイゼンリーダーほど、現場のメンバーにわかってもらえるよう、カイゼンの必要性を論理的に熱意を持って説明します。

　確かに、意識の高いメンバーにこの言葉は響きます。しかし、多くのメンバーは、言葉では理解しても体は動かない状態です。特に、大きなステップであるほどその傾向が強くなります。

■ 大きなステップは達成感を得るまで一定の時間を要する

　ある工場の事例です。高品質、低コスト経営に積極的に取り組んでいました。工場長は、業界No.1の研究会に参加したり、海外の同業者の視察にも行くなど勉強熱心でした。カイゼン活動にも積極的に取り組んでいました。

　研究会や視察でいい手法や事例を見つけると、すぐに社内のカイゼン活動で試していました。現場のメンバーには、手法、事例や効果を熱心に伝え、現場にその意義もわかってもらえるよう尽力していました。

　また、目標に到達しないようであれば、その課題に執着し過ぎることなく、すぐに次の課題を設定していました。つまりは試行錯誤を続け、現場にマッチする課題を探し続けていたのです。また、これらはすべて大きなステップで進めていました。

　現場からは、「工場長の言っていることは正しくて、それについて行くことができない自分たちが悪い」「日常業務を抱えている中で課題が重い」「目標を達成できないので申し訳ない気持ちになる」「気持ちが続かない」との声がありました。

　この工場の場合、大きなステップで進めているため、どの課題に挑んでもゴールに達しないのです。ゴールに達しないため、いつも目標未達です。現場は、達成感を得られるまで気持ちが続きませんでした。その状態で、「正しいこと」を「熱意を持って」伝えても、頭では理解しても心には響いてこないのです。そして、リーダーだけが空回りしていました。

> **One Point** 大きなステップで進めると、活動が面白くない
> と感じる人が増えてくる

大きなステップで進めるとカイゼン活動は面白くなくなる

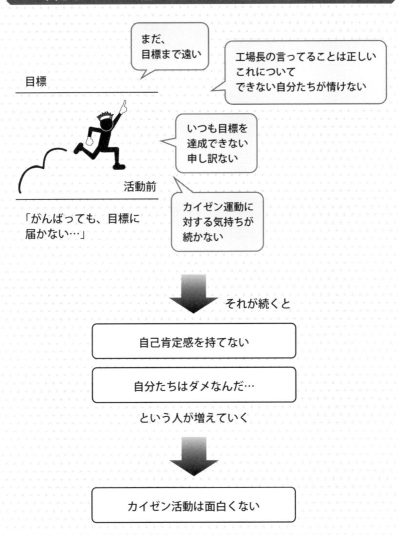

まだ、
目標まで遠い

工場長の言ってることは正しい
これについて
できない自分たちが情けない

目標

いつも目標を
達成できない
申し訳ない

活動前

「がんばっても、目標に
届かない…」

カイゼン運動に
対する気持ちが
続かない

それが続くと

自己肯定感を持てない

自分たちはダメなんだ…

という人が増えていく

カイゼン活動は面白くない

2-3 エースの力を 最大限活用する

　カイゼン活動の実施は、キーパーソンを中心に進めることが慣例とされています。そのキーパーソンは、現場のエースが務めることが多いです。

■ 現場のエースを中心にカイゼン活動をすると

　エースは問題点がよく見え、カイゼンのアイデアも豊富です。行動力もあって、カイゼン活動の意義や狙いもすぐ理解できます。

　また、エースが中心になる場合は一定程度の成果にとどまらず、大きな成果も期待できます。エースが動くと、周りのメンバーもそれをサポートするように動くようになります。エースを中心に現場が一体化します。ですから、経営者やカイゼンリーダーはエースを中心にカイゼン活動を進めるのです。

　エースを中心にカイゼン活動をする場合、エースが問題点を見つけ、エースがカイゼン課題を設定し、エースがカイゼンアイデアを出すことが一般的です。その一方で、メンバーはカイゼンアイデアをただ実行するだけになりがちです。

　エースの頭を活用してメンバーみんなで動くこの方法が、カイゼン活動が最も速く進み、最も大きな成果を得られるように思われています。しかし、懸念があります。

■ エースの負荷が大きくなる

　日常業務でもエースは優秀な結果を出しています。そのため、業務が集中していることは否めません。カイゼン活動で中心を務めると、エースの負荷はさらに大きくなります。

　その結果、エースが日常業務などで忙殺され動けなくなったときに、カイゼン活動が停滞する懸念が生じるのです。

　エースの考えで主導するようになると、他のメンバーは考えなくていいように受け取ります。あるいはエースに配慮して、考えることを控える人も出てきます。こうして、他のメンバーは実行段階で活動を支えることになります。

　さらに懸念されることは、カイゼン活動はエース中心に行い、他のメンバー

エースがカイゼン活動を主導する効果

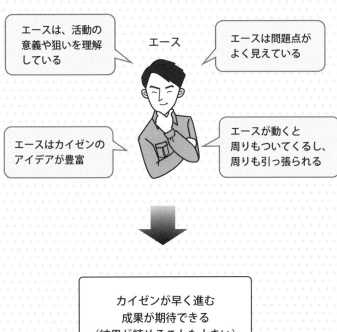

エースは、活動の
意義や狙いを理解
している

エース

エースは問題点が
よく見えている

エースはカイゼンの
アイデアが豊富

エースが動くと
周りもついてくるし、
周りも引っ張られる

カイゼンが早く進む
成果が期待できる
(結果が読めることも大きい)

は別世界の人になってしまうことです。そして、エースが考える活動とメンバーが考える活動にギャップが生じることもあります。

　また、他のメンバーの中に"お客さん"が現れる問題も浮上します。つまり、第三者のようにカイゼン活動を見る立場で関わるという人です。こうしたお客さんの存在は、エースのモチベーションにも悪影響を及ぼします。「私だけががんばっていて、見ている人がいる」とはっきり口にする人もいます。お客さんがエースのエネルギーを奪っている状態です。

　カイゼン活動は、メンバー1人ひとりが問題点を考え、アイデア出し合うことを目指しています。エースを中心にすることで、その機会を逸する懸念があるのです。

■ カイゼン活動が続きにくくなる

　エースを中心に活動を進めると、エースのネタが切れたとき、またはエースのエネルギーが切れたときに前へ進みにくくなります。忙しいエースがカイゼン活動で大変な思いをして成果を出したとします。その後、エースのエネルギーを補給するため、少し休みましょうとなることがあります。

　ある工場の事例です。カイゼン活動を半年サイクルで行っている工場がありました。活動の最後に発表会を設定し、3月と9月に実施していました。カイゼン活動はエースを中心に進め、毎年1～3月と7～9月が活動のピークでした。

　大変だった発表会が終わると、少し休みましょうと仕切り直しになります。後々再開しようと動き出しますが、ネタが浮かんでこないのです。体も動きません。いい発表をすればするほど、次の課題は大きいものを目指すようになります。そのため、課題設定も難しくなるのです。

　それでも、発表会の直前3カ月くらいになると、何とか課題を見つけて活動を再開するという流れになります。つまり、発表会のためにカイゼン活動を行うような状態です。

　この負荷をエースが背負うことになります。そして、どこかでエースの気持ちの糸が切れてしまい、カイゼン活動も停滞していくのです。

 エースのエネルギーが切れると、活動が続かなくなる

エースが主導するカイゼン活動のデメリット

負担が大きくなる
- ○日常業務でも大きな責任を担っている
- ○日常業務が忙しくなるとカイゼン活動が止まる

カイゼン活動の裾野が広がらなくなる
- ○エースが問題点を見つけ、課題を設定し、アイデアを出す他のメンバーは、それを実行することが中心となる
- ○他のメンバーはエースに依存するようになる

さらに

エースのエネルギーが消耗する…

これが過ぎると

- ○エースと他のメンバーに距離ができる
- ○他のメンバーの中に "お客さま" が現れる
- ○"お客さん" が現れるとエースのやる気が失われることがある

カイゼン活動が続きにくくなる
- ○エースのネタが切れるとカイゼン活動も止まる
- ○エースがエネルギー切れになるとカイゼン活動が止まる

人を変えようとする

「カイゼン活動は組織を変える活動である。組織を変えるためには人を変えなければならない」という定石を現場で聞きます。そのため、カイゼン活動を進めるために人を変えることに取り組みます。

■ 特定の人（以下、キーパーソン）を決めて集中的に指導する

確かに、キーパーソンが変われば、その影響は他の人に及びます。そして、カイゼン活動の影響の範囲が広がります。この方法で、カイゼン活動を進めることはできます。

ただし、難しい点が2つあります。1つは、キーパーソンの選び方です。他のメンバーは、誰をどのように選んだかを見ています。選び方によっては、選ばれた人と選ばれなかった人との間で壁が生まれます。「なぜ、自分が選ばれなかったのか」という不満、「選ばれなくてよかった」という安堵の両方の受け止めがあります。どちらにしても、選ばれなかった人から"お客さん"が現れます。そして、カイゼン活動の範囲が広がりにくくなります。

もう1つは、人を変えることは難しい点です。人は他人から尊重されるべきものです。誰も人を変えることはできないのです。ですから、人を変えることを前に押し出して進めることに、抵抗を感じる人も少なくありません。"お説教"と感じる人もいます。そのため、"人"を変えるのではなく、"人の行動"を変えるというスタンスで臨むのです。

■ カイゼン活動でのキーパーソンとは

まず、上述したキーパーソンを選ぶことは原則行いません。ただし、カイゼン活動を進めるうちに、この人の行動や発言が変わればカイゼン活動が加速すると思える人が浮かんだ場合は、暗にキーパーソンを定めます。最初からキーパーソンを決めて狙い撃ちにするのではなく、活動を進めるうちに決まっていくというイメージです。

それでは、キーパーソンはどのような人が適しているのでしょうか。キーパーソンの決め方について検討します。

カイゼン活動で人を変えるには

「カイゼン活動は組織を変える活動で、組織を変えるためには人を変えなければならない」という考え方がある

たとえば

カイゼンリーダーが、特定の人（以下、キーパーソン）を決めて集中的に指導する進め方

これは、2つの点で難しい

1つは、キーパーソンの選び方

もう1つは、人を変えることは難しい

そのため

そのため

キーパーソンは、最初から決めて狙い撃ちにするのではなく、活動を進めるうちに決まっていくもの

"人"を変えるのではなく、"人の行動"を変えるというスタンスで臨む

■ キーパーソンを抵抗勢力にする

　カイゼン活動を実施すると、必ずと言っていいほど抵抗勢力が現れます。「今のままで十分なのに、なぜ変えるの？」「今が一番いいやり方です」と考える人です。多くはベテランであったり、エースであったりします。このような人の発言が変わり行動が変われば、カイゼン活動は加速します。

　ある工場の事例です。そこの工程は、慢性的な納期遅れが起きて、残業続きでした。そのためカイゼン活動に着手しましたが、工場長代理はカイゼン活動に懐疑的でした。

　「自分の担当する工程は納期通りにできているのに、何でみんなで集まり、活動をしなければならないのか？」と言っていました。ボトルネック工程のリーダーは、「カイゼン活動に時間を使うのなら、溜まっている仕掛在庫を1つでも減らしたい」と言っていました。どちらも抵抗勢力でした。

　カイゼン活動のミーティングでは、両者とも「○○してもダメだよ」という否定的な発言が多く、いいアイデアが生まれてきませんでした。工程間の縄張り意識が強く、連携がとりにくい状況だったのです。

　あるとき、工場長代理にアイデアを求めたところ、連携をとるための案が現れました。工場長代理は別の意味で発言したのですが、それは連携をカイゼンできるものでした。大掛かりな取り組みでしたが、すぐに工場長代理を中心に据えて取り組みました。抵抗勢力が推進勢力に変わった瞬間です。抵抗勢力が推進勢力に変わると、多くの人がついてきます。大掛かりな取り組みでしたが、すぐに成果が現れました。

■ キーパーソンを経験の浅い（新人）作業者にする

　パートさんでもいいです。一番未熟な作業者でもいいです。このような人が、カイゼン活動を通じて発言や行動が変われば、周囲は影響を大きく受けます。新人の思い切った発言や行動が、活動にエネルギーをもたらすことが多いのです。

　つまり、**カイゼン活動でのキーパーソンは、この人が変わればエネルギーが生まれるという人**が適しています。

One Point　カイゼン活動は、人を変える前に仕組みを変える

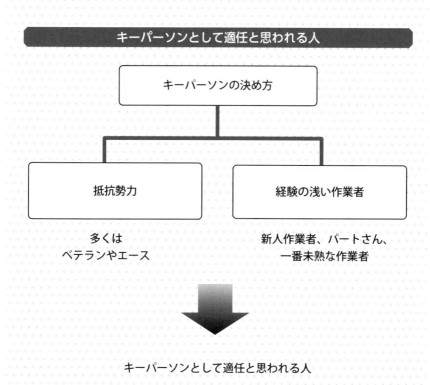

キーパーソンとして適任と思われる人

キーパーソンの決め方

抵抗勢力

多くは
ベテランやエース

経験の浅い作業者

新人作業者、パートさん、
一番未熟な作業者

キーパーソンとして適任と思われる人

カイゼン活動での
キーパーソンとは、
最も変わりにくい
と思われる方

この人の行動が変
われば、カイゼン
活動のエネルギー
が生まれる人

伝家の宝刀は、いざという時の ためにとっておく

　カイゼン活動を、強力なトップダウンなどで進めるべきと考えるときがあります。現場に強いプレッシャーをかけて、そこから生まれる現場の発奮のエネルギーを期待しています。または、甘やかすとカイゼン活動は流される、と考える人もいます。

　一方、強力なトップダウンによる方法で、カイゼン活動が継続して "上手くいっている" という話は、あまり多く聞こえてきません。その理由の1つは、強力なトップダウンは伝家の宝刀のようなものだからです。なお、伝家の宝刀は、いざという時以外はめったに用いないものです。

　確かに、伝家の宝刀を抜くと大きなメリットをもたらします。しかし、後遺症や副作用が出ることもあります。そうすると、次に伝家の宝刀を抜いても、現場は守りに入るようになります。その守りも固くなります。効果も出にくくなります。ですから、伝家の宝刀はいざという時にとっておきます。

　カイゼン活動の場合、トップダウンよりは、現場主導のボトムアップに重きを置いた方が長く続けられます。そして、成果も積み上がっていくはずです。

伝家の宝刀
２回目は抜けない…

第 **3** 章

「不」を吐き出す
カイゼン活動のエネルギー源を探す

・・・・・・・・・・・・・・・・・・・・・・・・・・・・・・・・・

　現場の方に「不」（不便、不自由、不安、不平、不満など）を吐き出してもらうと、「『不』を解消できるかもしれない」という興味や好奇心が湧いてきます。また、何か変わりそうという期待感も現れます。

　この吐き出しには、ワイガヤ手法を用いることにしています。自分の頭で「不」を考え、自分の言葉で表現してもらいます。自分の頭で考えることに対する価値観を共有してもらうのです。さらに、この「不」を仲間と共有することで、共感や発見があります。そして、仲間意識や所属感も生まれます。

　また、「不」を解消するために、自分たちできることを考え、自主性や創造性を高めるきっかけをつくります。このようにして生まれたカイゼン活動への興味や好奇心を、活動のエネルギー源にするのです。

3-1 「不」の吐き出しをすると後ろ向きになる?

　「不」の吐き出しはわかるけど、上手くできるか不安げなリーダーは少なくないでしょう。そのように思う理由の1つに、「不」の吐き出しをするとメンバーは後ろ向きになる、ということを聞きます。それについて説明します。

■ "ワクワクすること" や "やりたくなること" を吐き出すべきか?

　確かに、吐き出しの理想としては、こちらの方がいいです。

　カイゼン活動が習慣になっている現場では、カイゼンのネタを見つけ、それに取り組むこと自体にワクワクしています。そして楽しんでいます。そのような状況なら、前向きなものの吐き出しは上手くいきます。

　一方、カイゼン活動が習慣になっていない現場や苦戦している現場では、カイゼン活動に前向きになっているのは一部の人だけです。他の人は、どちらかと言えば受け身だったり、様子見たりしています。このような場合は前向きな吐き出しよりも、「不」の吐き出しの方が吐き出し件数は多く、「不」の幅も広くなります。

■ 後ろ向きな雰囲気が生まれる場合

　1つは、人に対する不平不満などの「不」が多くなる場合です。もう1つは、将来に対する漠然とした不安などの「不」が多くなる場合です。これらの場合、後ろ向きな雰囲気が生まれやすくなります。

　このため、前者については「不」を"人"ではなく、"仕組み"や"行為"などで表現してもらいます。人は変えられないけれども、仕組みや行為は変えられるからです。後者については、将来不安で盛り上がりそうになったら、"今に集中"して吐き出してもらうよう働き掛けます。カイゼン活動では、将来不安についての取り組みよりも、今を変えることに取り組むことが多いからです。また、後ろ向きな雰囲気を生まれにくくするため、「不」の吐き出しではワイガヤ手法を用いています。いくつかのルールを決めて行いますが、これについては第4章で詳述します。

後ろ向きな雰囲気を生まれにくくするには

後ろ向きな雰囲気が起こる場合

| 特定の人に対する「不」で
盛り上がる場合 | 将来の不安などで
盛り上がる場合 |

そのために
進行役がすること

| 「不」を "人" ではなく、
"仕組み" や "行為" で
表現してもらう | 将来の不安などで
盛り上がりそうな場合、
"今に集中" してもらう |

なぜなら

カイゼン活動では

| "人" は変えられないが、
"仕組み" や "行為" は
変えられる |

カイゼン活動は

| "今" を変えることに
取り組むことが多い |

■ ワイガヤで「不」を吐き出しする

　ワイガヤでは、後ろ向きな「不」の吐き出しと、前向きな目指す姿の吐き出しの2つを行っています。その2つの事例で比較します。

　「不」の吐き出しは、比較的軽やかな雰囲気で始まります。のど元までつかえていたものを吐き出したい、という気持ちは多くの人にあります。それを吐き出して周囲の人に共感してもらえれば、気持ちも軽くなるものです。そのためか、比較的軽やかな雰囲気になります。

　一方、目指す姿の吐き出しは、重い雰囲気で始まります。工場などの現場で働く人に、「面白そうと思えることはどんなことですか？」「ワクワクすることは何ですか？」「目指す姿は何ですか？」とその場で問い掛けても、すぐには答えられないことが多いのです。重いままの雰囲気で終わることも少なくありません。

■ 「不」を数多く、幅広く吐き出す

　ワイガヤで最も大事なのは数多く、幅広く吐き出すことです。そして、軽やかに盛り上がることです。

　一方、気をつけるワイガヤもあります。"件数"の少ないワイガヤです。または、件数は多くても、吐き出しの対象が一点集中のワイガヤです。前者は、吐き出しにくい何らかの理由があると思われます。あるいは、カイゼン活動に前向きでない場合もあります。後者は、視野が狭くなっていたり、気になること以外は思考停止していたりする可能性があります。たとえば、特定の人に関心が集中している吐き出しはその一例です。

　工場で行っているワイガヤの事例では、目指す姿などの前向きな吐き出しよりも、「不」の吐き出しの方が"件数"が多くなり、関心も"幅広く"なります。そして、吐き出しの雰囲気は、「不」の吐き出しの方が軽やかで良好です。

　「不」の吐き出しで懸念されるのは、一点集中型の吐き出しか、言いたいことが言えず件数が少なくなるケースです。このとき、進行役は吐き出しの数が多くなるよう、幅広くなるよう促します。

> **One Point**　「不」を人ではなく、仕組みや行為で吐き出してもらう
> 　　　　　　　　将来の「不」ではなく、今の「不」に集中してもらう

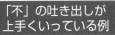

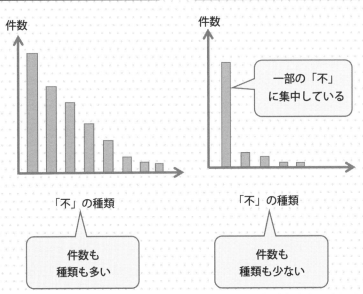

「不」の吐き出しが
上手くいっている例

「不」の吐き出しが
大変な例

件数

件数

一部の「不」
に集中している

「不」の種類

「不」の種類

件数も
種類も多い

件数も
種類も少ない

「不」の吐き出しの進め方のコツ

◇特定の「不」に集中している場合

「他の工程の「不」はないか」「工場以外の「不」はないか」
と、関心の幅を広げてもらう

◇件数が少ない場合

「暑い、寒いという「不」でもいいので上げてください」など
と吐き出しやすい「不」を出してもらう

3-2 「不」を吐き出すと 現場は混乱・困惑する?

　「不」を吐き出す場をつくると、現場に混乱が生じるのではないかという懸念を持つリーダーがいます。プチストライキやプチ抗議活動などに発展するという心配もあります。

　確かに現場の中には、いい機会だから「言いたいことを言ってやろう!」と考える人はいます。また、リーダーの中にも効果が見込みにくい場合、課題は見えているので、混乱の恐れがある「不」の吐き出しまでは必要ないと考える人もいます。しかし、混乱などが起きることは私の経験上ではありません。また、「不」の吐き出しは単なる「不」の見える化ではないのです。理由をいくつか挙げます。

■ ポジティブな雰囲気をつくる

　ワイガヤをする場合、メンバーには経理や営業など、普段は交流の少ない他部署の人にも入ってもらいます。初対面の人もいます。また、「不」を人で表現しないなどのルールもあります。

　そのため、最初は場を探りながらソフトに始めます。初めから「言いたいことを言うぞ!」というような雰囲気にはなりにくいようです。

　逆に、ワイガヤを進めるうちに、自分と同じように感じていた人がいたという安心感や仲間意識も生まれます。また、普段は交流の少ない人の考え方、モノの見方がわかったという他者理解が進みます。そして、「不」を解消できるのではないかという期待感も現れてきます。つまり、ポジティブな雰囲気の方が多く生まれるのです。

　ワイガヤの進行役やカイゼンリーダーがこの空気に同調し、さらにいい感情を引き出せると、ポジティブな雰囲気が支配していくことになります。

　ポジティブな雰囲気の下では、「言いたいことを言ってやろう!」という気持ちは小さくなるようです。ポジティブな雰囲気を壊そうとは思いにくいのです。そして、後ろ向きな発言は思ったより少なくなります。たとえ、そのような発言をしても、混乱にはなりにくいです。混乱はネガティブな雰囲気の中で、後ろ向きな発言が出されることで起こるのです。

ポジティブな雰囲気をつくるには

1 ワイガヤのメンバーには、経理や営業など普段交流の少ない他部署の方にも入ってもらう。初対面同士の場合もある

2 ワイガヤのルールを事前に伝える。その中には、
　○「不」を人で表現しない
　○発言時間や発言回数は平等にする
　などのルールがある

これらの仕掛けにより、
理性優位の傾向が生まれる

そして
混乱する前に

"自分と同じように感じていた人もいた" という安心感や仲間意識が生まれる
普段、交流の少ない人の感じ方がわかることで他者理解が進む

ポジティブな雰囲気が生まれる
ポジティブな雰囲気下で混乱は起きにくい

■ 普段からほとんど話をしていない場合

　普段からほとんど話をしてしないため、ワイガヤをすると困惑する、もしくはやる意味がないという懸念も出てきます。ある社長さんから、「ワイガヤをやって『不』の吐き出しをするのはいいけど、最近の若い人はしゃべらないと思うよ」と言われたことがあります。その工場では、若い職人のほとんどが休憩時間もスマホを触っていて、会話も少ない状況でした。

　また、最近の若い人は、SNSなどを使ったコミュニケーションが大半です。電話で話すのは、個人の携帯電話がほとんどです。自宅でも、外線電話に出ることはほとんどないという人もいます。そのため、会社の固定電話に外線電話がかかってきた場合、出るのが怖いということもあるようです。対面でのコミュニケーションや、特定の人以外と話をする機会が減っているのは確かだと感じます。

　そこで、個別に話を聞いてみました。「特に話をすることはないので、自分からは話しかけていません」「何を話していいかわかりません」とのことでした。話の仕方や話題がないだけで、話自体はしたいようでした。

　上述した工場で、若い職人に「不」の吐き出しをしてもらいました。その結果、周りも自分と同じように感じていたという感覚を得たようです。そして、安心感や仲間意識が生まれたようです。吐き出しも普通にしていました。最終的に、ポジティブな雰囲気が生まれだしたのです。

■ 思い切って言いにくいことを吐き出してもらう

　ワイガヤではポジティブな雰囲気が生まれ、心地良さも生まれます。一方、このままでいいという現状維持の雰囲気もあります。現状維持の雰囲気があると、カイゼン活動は進みにくくなります。

　そこで、いつも最後には、思い切った発言を促しています。ワイガヤの最後に「みんなのため、会社のため最後に思い切って、言いにくいことを吐き出して」と促しています。これを受けて、これらの「不」から"お宝"が見つかることが多いからです。

One
Point　混乱・困惑を起きないようポジティブな雰囲気を導く

直感や何となくの違和感を大事にする「不」の吐き出し

「不」の吐き出しでは忙しい日常から離れ、
直感や何となくの違和感を多く感じ取ってもらう

本質的な課題が含まれていることがあるため、これらを大切にする

逆に

構えたり、歯を食いしばったりして吐き出そうとすると、
楽しくない吐き出しになる

楽しくないと「不」の本質に迫りにくい

「不」の吐き出しの最大目的は、
現場のメンバーがカイゼン活動に興味を持ってもらうこと

「不」の吐き出しをすると、「何か変わりそう」、こういう場を設けて
くれているということで「会社を変えていいんだよ、変えたいんだ
よ」と言ってくれているなどの期待感が生まれる

こうしたことがメンバーの気持ちに変化をもたらす

3-3 現場の「不」は、わかっているので吐き出しはいらない?

　リーダーの中には、現場の「不」はある程度予想できるため、今さら吐き出しをしなくていいと思う人もいます。あるいは、「経営者やリーダーに対する『不』は多いに違いない。それを改めて聞くことは耳が痛い」という人も多いようです。

　あるリーダーの話です。「現場の『不』はある程度予想がつく。たとえ、新たな『不』が見つかってもカイゼン課題を変えるほどのものは現れない。改めて『不』の吐き出しをしなくても、カイゼン活動に入れると思っている」というものでした。そのリーダーに「不」の吐き出しを提案しても、なかなか前向きにはなってくれませんでした。

　では、現場の「不」をある程度予想できるのに、なぜ「不」の吐き出しをするのでしょうか。

■「不」の定性的・定量的な傾向を把握するため
　現場の「不」をある程度予想できたとして、その「不」は多くのメンバーが感じているものか、特定の人が感じているのか、一部の声の大きい人が感じているかものかわからないことがあります。

　また、経験の浅い若手が感じている「不」からも、新鮮な気づきが得られることが多くあります。さらには、自分個人が感じている「不」が多い場合、タテ・ヨコの連携など周囲とのつながりに関する「不」が多い場合、会社の将来像に関する「不」が多い場合など、「不」の種類もさまざまです。

　これら、現場の「不」をラフであっても定性的・定量的に把握しておくことで、現場と経営トップやリーダーとの認識のズレを少なくすることができます。また、ワイガヤというオープンな場からの情報で現場を把握するという進め方は、現場も経営トップの認識に、より深い理解を示してくれます。

　この「不」の傾向把握は、その後のカイゼン活動の取り組む上でとても大事になってきます。

コミュニケーションの「不」と同じくらい、
作業ルールが守られないという「不」が多いことがわかった

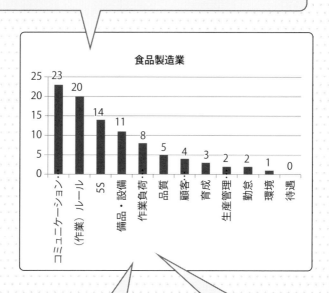

備品・設備が古いという「不」が最
も多いと思っていたが、それより情
報伝達の「不」の方が多かった

現場のキーパーソンからは
「忙しい」とよく言われるが、
思ったほど多くなかった

■ 現場にカイゼン活動に対して強い関心を持ってもらう

　現場の多くは、経営トップやリーダーに対して自分たちの「不」を知ってもらいたいと思っています。そして、それらの「不」を解消してほしいと願っています。そのため、リーダーの中には、現場の「不」を聞くとそれをすべて解決しなければならないと受け止める人もいるようです。そのため、改めて「不」の吐き出しはしなくていいと考えることもあります。

　確かに、現場の多くは「不」を解消してほしいと思っています。同時に、リーダーたちが「不」をすべて解消できないことも理解しています。

■ 現場とリーダーが共感し合う

　それ以上に現場がリーダーに求めることは、現場の「不」をわかってもらいたい、つまりリーダーに"共感"してもらいたいということです。「不」の吐き出しは、それを見える化するだけではなく、リーダーと現場の共感の場をつくる意味もあります。

　また、「不」の吐き出しは、カイゼン活動を進める上で重要な"手続き"でもあるのです。この手続きによって、安心、自由、公平を感じられるようになります。こうして生まれた共感の場は、カイゼン活動のエネルギーとなるのです。

■ 犯人探しや罰のような特別のアクションは厳禁

　一方、注意すべき点があります。共感するのとは逆に、「不」の犯人探しをしたり、その原因をつくっていると思われる人に対して特別のアクション（いわゆる罰のようなこと）をしたりすることです。それは、リーダーが思ってもいなかった「不」が現れたときに起こりやすいのです。

　犯人探しをすると、現場のカイゼン活動に対するエネルギーはマイナスに働きます。そうなると、「不」の吐き出しをする前よりも現場のカイゼンに対する意欲は下がります。つまり、何もしない方がよかったことになるのです。その状態から、ゼロに戻すには莫大なエネルギーが必要です。

　現場の「不」はわかっていても、吐き出しをします。そして、改めて現場に共感します。それが、現場のエネルギーを生み出すのです。

One Point　「不」の吐き出しは、現場とリーダーが共感するためにも行う
これは、カイゼン活動にとって重要な"手続き"である

「不」の吐き出し後の犯人探しや返報（仕返しのようなこと）は厳禁

現場のメンバーの行動は、リーダーの反応によって変わる

 したがって

好意的な反応をすれば、次も同じように動いてくれる
その逆の反応をすれば、次は同じようには動かなくなる

 リーダーが「不」の吐き出しにびっくりしたとき

やってはいけないことは、
○「不」を言った人の犯人探しをすること
○言った人に返報（仕返しのようなこと）をすること

 これらをすると

次回からは、「不」を吐き出さなくなる
なぜなら、"安全ではない場" ととらえてしまう

 安全でない場ととらえてしまうと

カイゼン活動に萎縮した雰囲気が現れる
この雰囲気になると創造的なアイデアは生まれにくく、
自立しにくくなる

3-4 自分たちの「不」を吐き出す

　繰り返しになりますが、本書での「不」とは、不便、不自由、不足、不平、不満、不安など、「不」のつく関心事です。「不」を吐き出してもらうのは、最も吐き出しやすく、わかりやすい関心事だからです。そして、カイゼン課題も見つけやすくなります。

■ なぜ「不」を吐き出すのか
　単に"関心事"の吐き出しをしてもらったこともありました。吐き出しに制限をかけず、できる限り自由にしてもらおうという趣旨です。しかし、上手くいかない事例がありました。
　「関心事を吐き出してください」と言われたときに、現場の中で、何を吐き出していいかわからないという人が現れました。そこで、ある程度制限した方が吐き出してもらいやすいと考えました。いろいろ試したうちで、この「不」の吐き出しが、現場の"吐き出す力"が最も大きかったのです。
　一方、「不」は後ろ向きなものと感じ、吐き出しにくいという人もいます。この場合、「～したい」という欲求や要望、あるいは単に「関心事」を吐き出してくださいと伝えています。このような場合は、「関心事」という言葉の方が伝わるようです。
　吐き出しは、件数を多くすることと関心の幅を広げることが狙いです。これが満たされれば、別の定義で吐き出してもらってもいいのです。

■ 誰の「不」を吐き出してもらうのか
　第一に優先することは、自分自身の「不」です。最初は、自分ののど元にある「不」から吐き出してもらいます。そして、徐々に気持ちの奥にある「不」、本質的と思われる「不」を吐き出してもらうのです。
　「不」は、吐き出しているうちに、深まっていく性質があります。たとえば、"作業の流れが悪い"という「不」を吐き出したとします。そうすると、なぜ"作業の流れが悪いのだろう"と考えます。そして"作業の途中に、材料を別の部屋まで取りに行くのが不便"と思い至るのです。

「不」の吐き出しの進め方

原則、思いつく限りの「不」を吐き出してもらう

「不」は後ろ向きなものと感じる人がいる場合

「不」は広すぎると感じる人が多い場合

○「〜したい」という欲求や
　要望
○単に「関心事」
　を吐き出してもらう

「ムダ」を吐き出してもらう。慣れてきたら、「不」も吐き出せるようになる

 過去の経験から

「ムダ取り」をテーマにした活動では、「ムダ」の吐き出しに注力
この場合、「ムダ」を深く、具体的に吐き出しを行った

「不」が後ろ向きと感じる場合、「不」は広すぎると感じる場合、
「ムダ」の吐き出しをしてもらうことから始めてもいい

つまり、最初は身近な「不」の吐き出しをします。次に、この「不」の原因となっている「不」を考えるようになります。また、別の視点から「不」を考えるようになります。これを繰り返して「不」を深め、具体的にしてもらうのです。

　同時に、自分"たち"の「不」も吐き出してもらいます。ワイガヤには、現場の全員が参加できるとは限りません。一度にワイガヤができるメンバーはせいぜい7〜8人程度です。現場作業者が100人いる場合、閑散期などの特別の事情がない限り、全員に対してワイガヤができることは少ないのが実情です。そのため、ワイガヤに来られない人の「不」も吐き出してもらいます。

　また、仲間の立場で吐き出すためには、仲間がどのような「不」を持っているかを考えます。これをキッカケに視野が広がります。周囲のことを考える力も身につきます。このことは、その後のカイゼン活動に生きてくるはずです。

■ どのような「不」を吐き出してもらうのか

　原則、制限はしません。さらに、特定の分野に関心が行くように誘導することもしません。ただし、吐き出しの時間が限られているとき、範囲を設けた方が吐き出しやすい場合に制限することはあります。

　一方、制限なく吐き出していいことを示すために、「会社全体の『不』でもちろんいい」と伝えます。「不」を身の周りだけではなく、会社全体の広い視点で考えることも重要だからです。

　たとえば、事業方針や事業計画に関する「不」の吐き出しもOKです。経営トップの中にはこのような「不」の吐き出しを敬遠される人もいます。しかし、ほとんどのワイガヤでは、事業方針に関する「不」はあっても数件です。さらに私の経験から、事業方針などに関する「不」の吐き出し件数が多い場合は、メンバーの仕事に対する意識が高い傾向にあり、カイゼン活動でも大きな成果が出やすいと言えます。メンバーの成長やカイゼンの進捗も早いと感じます。

　経営トップやカイゼンリーダーは、事業方針などへの「不」が多い場合は今後の活動に期待が持てると感じていいでしょう。

One
Point 「不」の件数が多くなるように、
「不」の範囲が広くなるように仕掛ける

「不」の吐き出しから見る カイゼン活動が上手く進んだ事例、苦戦した事例		
	上手く進んだ例	苦戦した例
構成メンバー	管理職と管理職手前の若手リーダー	生産部長、工程班長などのリーダー層
代表的な「不」	「会社は今のままでいいのか」 「次の新製品がない」 「将来像があいまいだ」	「工具を探すことが多い」 「機器の手入れが大変」 「在庫管理ができていない」
「不」を共有したときの様子	上の「不」に対し、先輩の管理職が、経営者の立場で説明する場面があった	「「不」はあって当たり前。だから、特に吐き出すことはない」という発言があり、全体的に盛り上がりに欠ける

「不」の 視点が高い	「不」の 視点が低い

3-5 他の「不」を吐き出す

　ここでは他部署やお客様の立場になり、それらの人が持っているであろう「不」を想像して吐き出してもらいます。目的は、他部署目線、お客様目線で考えることを通じて視野を広げてもらうことです。ただし、ワイガヤ時間に余裕がない場合、このワークを省略することもあります。

■ 他部署が持っているであろう「不」を想像して吐き出してもらう

　たとえば、工場の人が営業の「不」を吐き出すとします。工場の人は営業の当事者ではないため、吐き出した「不」がずれている場合もありますが、それでいいのです。他部署の人の立場になって、想像力を働かせて考えてもらうことが目的だからです。

　カイゼン活動では、自分たちの「不」の解消につながるものが課題になります。このとき、自分たちとともに他部署の「不」も解消できる課題の方が良い取り組みになります。さらに、他部署のためにもなる方が、やりがいも意義も高まります。

　一方、自分たちの「不」は解消しても、他部署の「不」が増えるようなカイゼン課題はどうでしょうか。

　現場主導で課題を設定してもらう場合、自分たちの負担は減る一方で、他部署の負担が増えるような案が出されることが普通にあります。「自分たちは大変だから他の部署にお願いしましょう」という案です。このようなアイデアで盛り上がり、このような考え方が支配的になることも少なくありません。

　そのため、自部署ともに他部署の「不」の吐き出しをしてもらいます。他者の「不」の吐き出しは、"他者の立場で考える"ことに意味があります。その「不」が少々事実とずれていてもいいのです。

■ お客様が持っているであろう「不」を想像して吐き出してもらう

　お客様の「不」の解消は、製品やサービスの向上につながります。また、お客様のためになるなら元気が出ると言う人もいます。自分たちの「不」の解消とともに、お客様の「不」も解消できるカイゼン課題であれば、現場のやりが

自部署、他部署、お客様の３つの「不」が同時解消を追求する

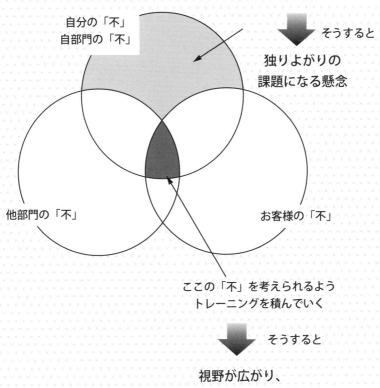

現場だけで「不」の吐き出しを
すると、ここに意識が集中する

自分の「不」
自部門の「不」

そうすると

独りよがりの
課題になる懸念

他部門の「不」

お客様の「不」

ここの「不」を考えられるよう
トレーニングを積んでいく

そうすると

視野が広がり、
現場に任せられるようになる

いも増すものです。

　一方、自分たちの「不」は解消できても、お客様の「不」が増えるカイゼン課題の場合はどうでしょうか。お客様の「不」とまで行かなくても、お客様の負担や煩わしさが増えるようなカイゼンアイデアです。

　たとえば、工場の作業伝票作成を軽減するために、お客様に注文伝票を細かく書いてもらうような場合です。工場の負担を減らすことが目的ですが、この場合はお客様の負担増の程度にもよりますが、提案を受け入れていただけないことも考えられます。

　工場の人は、直接お客様と接していないため、このイメージがわかないことが多いです。お客様の負担を増やすことに対して、あまり留意していないこともあります。そのため、この「不」の吐き出しには、営業の人に協力をいただいて参加してもらいます。

　ここでもお客様の「不」を想像し、それを吐き出しをすること自体に価値があります。現場の人に、お客様視点で考えてもらうきっかけをつくります。これは、お客様視点で考えるトレーニングにもなります。

■「不」の視野が広くなると現場も自立してくる

　まとめると、「不」の吐き出しのメインは、自分および自分たちの「不」です。この中から、カイゼン課題を見つけます。一方、他部署やお客様の「不」を想像して考えることで、「不」の解消が現場の独りよがりになることを防ぎます。さらに自部署と他部署、お客様の3つの視点で「不」の解消を考えてもらいます。「不」の視野を広げてもらうことが狙いです。

　自分のためと思うとどこかであきらめてしまうけれども、他者のためと思えばがんばれるという人もいます。他者に喜んでもらえると、自分たちにはエネルギーとなって返ってくるからでしょうか。このように考えてもらうことも狙いの1つです。

　また、「不」の視野が広くなると、現場に任せられる範囲も広がります。現場の裁量権が広がるためで、現場が自立します。そして、創造的に考えられるようになり、組織として成長していくのに役立つようになります。

> **One Point** 他の「不」の吐き出しは合っていなくてもいい
> 他の立場になってもらうことが大事

他部署、お客様の「不」の吐き出しで注意すること

他部署、お客様が抱いているであろう「不」を吐き出す

しかし、吐き出しをしていて
気がつくと、、

他部署の "自部署に対する" 不平・不満
お客様の "自部署に対する" 不平・不満
になってしまうため注意が必要

自分たちが、他に迷惑をか
けているのではないか、と
思ってしまう

気がつくと、
視野が狭くなっている

他の「不」の吐き出しが
できてくると

現場の独りよがりが少なくなる
他者に貢献するという雰囲気が現れる

現場のやりがいにつながる

3-6 「不」の吐き出しは、個別に行ってからチームで共有する

「不」の吐き出しは、最初は個別に行います。個々に自分自身の「不」と向き合ってもらいます。その後、個々の「不」を他メンバーと共有します。共有していく過程で新たな「不」が現れてきたり、「不」を深めることができたりするようになります。

■ 個々の「不」を吐き出す

最初は、自分が感じている「不」、自分が思う「不」などを、1人で吐き出してもらいます。それぞれ自分と向き合い、自分が不便と感じていることは何か、自分が不自由と思うことは何かなどを考え、吐き出してもらいます。実際には、ポストイットに書き出して進めます。

この「不」には、正解はありません。また、誰が吐き出しても同じになるということはありません。自分が感じていること、思うことが正解です。最も大切なことは、「不」を自分の言葉でポストイットに書くことです。同じ「不」でも、表現方法は個々に違います。それがいいのです。個々に感じたこと、思うことなどを個々に考え、自分の言葉で書くことに意味があります。

この作業が、カイゼン活動で最も重要な「全員が自主的に考え、全員が自主的に行動する姿」の原点になります。

■ 多くの人が感じている「不」でもみんなに書いてもらう

他の人が書くと思うので自分は書かなくて大丈夫、とは考えません。その理由は、後で「不」を定量分析するからです。「不」を全員が感じているのか、3割くらいの人が感じているのかでは、取り組みの優先順位も異なってきます。

また、同じ「不」でも、他のメンバーと表現の違いを比較するうちに「不」を深められるようになります。「不」を言葉で表現するのが苦手な人は、他のメンバーの「不」を見て、表現の仕方を学ぶこともできるのです。また、新たな気づきを得られることもあります。そして、個人の「不」の吐き出しに区切りがついたら、ワイガヤに参加していない仲間の「不」も吐き出してもらいます。

「不」の吐き出しの小技集

「不」の吐き出しでは、"件数"が多いこと、対象範囲が広いこと、深く掘り下げることができるといい吐き出しになる。そのための小技とは…

1. ポストイットに書くときはひらがな、カタカナで

「不」の吐き出しをしていると、スマホなどで漢字を調べる人が出てくる。頭に浮かんだ「不」は、思いついても蒸気のようにすぐに消えてしまうもの。漢字などを調べているうちに、生きのいい言葉が消えていく。したがって、「漢字は使わず」「ひらがな、カタカナで書く」とあらかじめ伝えるようにしよう

2. まずは、身近なことから吐き出す

具体的には、「暑い、寒い、汚い、パソコンが遅いなど、何でもいいので、頭に浮かんだものから次々と吐き出してほしい」と伝える。さらに、「吐き出ししているうちに浮かんでくることもあるから、まずはペンを動かしてみよう」と伝える
それでもペンが重いようなら、「遠目で他の人のポストイットを覗いて、ヒントをもらおう」と重ねて言う。そうすることで、みんなが考え始めるようになる

■メンバーが一度に集まれないとき

「不」を投票する方法は、パソコンの共有ファイルなどに書き込む方法でもいいです。このとき、吐き出し時間は同じにしておきます。吐き出し時間の長い人と短い人では、「不」の件数や範囲に差が生まれるからです。

個々の「不」の吐き出しが終わったら、次にメンバーで「不」の共有をします。このとき、他のメンバーの「不」への共感、違和感などが生まれますが、それも共有します。違和感を伝える場合は、自分は「こう思う」と伝えるだけにします。他の方の「不」の批判はしません。

この共有作業により、新たな「不」が浮かんできたり、「不」自体が深掘りされたりするのです。

■メンバーが話した「不」を進行役が書き取る

共有作業では、メンバーは言葉で「不」を話しています。そのため、進行役が書き取ります。メンバーに書いてもらおうとすると、言葉や考えが消えてしまいます。そこで進行役が書き留め、「不」を取り逃がさないようにします。

また、進行役が書き取れないときは、発表者に聞き直します。この場合、他のメンバーも理解できていないことが多いです。聞き直すことで、「不」を明確にできます。また、書き取ったポストイットを見ることで、メンバーと進行役の認識のズレも修正が可能です。

多くの場合、進行役による「不」の書き留めによって問題の本質に近づいてきます。したがって、この作業はカイゼン活動全体にとっても重要です。

■共有作業を通じて、個々のメンバーの業務のとらえ方も共有する

たとえば後輩の「不」に対し、先輩が「その『不』は、こういうことだよ」と、その背景や原因を教える場面も出てきます。他の仲間が「私も同じように考えていた！」「そういう見方もあったんですね！」という共感の言葉を述べることもあります。

この作業を通して、新たな発見が生まれます。また、チーム内でのつながりも深まります。

> **One Point** 「不」の共有では、話し言葉から本質が見える
> 進行役はこれを確実に書き取る

「不」の共有を通じて、「不」を深堀する

1. 「不」を感じている全員が、同じ「不」を吐き出す

◇「不」を定量的に把握できるため

たとえば、工具を取りに行くときに毎回隣の部屋まで行かなければならないという「不」があったとする。この「不」を全員が感じているのか、2割の人が感じているのかでは、課題の重要度も変わる

◇「不」を定性的に把握できるため

上の事例で、工具が隣の部屋にあることで、「不便」を感じているのか、「不満」まで感じているのか。あるいは、このような仕組みになっていることについて「不安」を感じているのかなど、人によってとらえ方や表現方法は異なる。表現の違いを比較することで「不」を深めていく

 「不」の共有の中で

「この「不」もあったね」「〇〇さん、よく書いたね」「この「不」を書くの忘れていた」などの会話が飛び交う。これを通じて「不」を深め、「不」の解消への興味や好奇心を生み出す

2. 普段交流の少ない営業や事務担当にも可能な限り参加してもらう

他部門の「不」を知ることで、新たな気づきが得られる。他部門の人も、工場の大変さを理解できるようになる。その結果、相互理解が進み、新鮮な気づきや共感も生まれる

3-7 「不」の吐き出しには ワイガヤ手法を用いる

　「不」の吐き出しには、ワイガヤ手法を用います。ワイガヤとは上下関係や年齢、性別などを越えて、気軽にワイワイ、ガヤガヤと話し合うことです。自立、信頼、平等などを大切にしています（ホンダイノベーション魂！、小林三郎著、日経BPを参照）。同書の中の、"ワイガヤの精神"の部分を活用させていただいています。

■ 安全で自由な場をつくり、「不」を吐き出しやすくする

　「不」の吐き出しで最も重要なことは、安全で安心と思える場をつくることです。人には、自分を表現したいという基本的な欲求があります。「不」の吐き出しをすると、いつもその欲求の大きさを感じます。その欲求に応えるために、吐き出しても安全で安心と思える場をつくります。

　「変わった『不』を吐き出しても、恥ずかしくない」「ちょっと違うかなと思うような『不』を吐き出しても、受け止めてもらえる」というような場です。他の人のことを気にすることなく、自分と向き合い、そのまま吐き出せる場のことです。

　そのような場を、すぐにつくることは結構難しいです。そのため、ワイガヤの「異端、変人、異能大歓迎」の精神を借りて場をつくるのです。このような場の中で自由な雰囲気をつくり、「不」をできる限り広く、深く吐き出してもらいます。

■ 個々の考える力、事実をとらえる力を育成する

　本家のワイガヤには、"魂の言葉"で語るとあります。自分の頭で考えた言葉で語れることを重視しています。

　個々が経験で得た知識、先輩から聞いた話、専門書などで得た知識などから「不」を吐き出すのではないのです。自分の目で見て、自分で気づいて、自分の"頭で考えた"「不」を吐き出すのです。たとえ、その「不」が普通であっても、魂の言葉であれば価値があると考えるわけです。

　ベテランほど良い「不」を吐き出してくれます。良い気づきを与えてくれま

最初の「不」の吐き出しのタイムスケジュール例

「不」の吐き出しのタイムスケジュール例

13：00開始、ミーティング3時間、参加者7人の場合

13：00－13：10　ワイガヤの説明
　ワイガヤの目的、「不」の吐き出しの説明、
　ワイガヤルール（全9つ）の周知など

13：10－13：20　自己紹介によるアイスブレイク
　名前の他に、①勤続年数または経験年数、②実際に行っている業務、
　③最近のマイブーム

13：20－13：40　「不」の吐き出し（個人ワーク）

13：40－14：50　「不」の共有（以降、ワイガヤ形式）
　一人10分×7人＝70分

14：50－15：00　休憩

15：00－15：15　「不」の集計と「不」の深堀り

15：15－15：30　目指す姿の描き

15：30－15：50　"自分たちでできること"、
　　　　　　　　　　"他へお願いしたいこと"の吐き出し

15：50－16：00　アクションリストづくり
　すぐに取り組める課題のリストアップなど

注1. 「不」の共有は、1人：15分程度になることもある
注2. 3時間の場合は、他部門の「不」とお客様の「不」の吐き出しは行わない

す。これはとても貴重です。しかし、経験に基づく知識などをそのまま吐き出したものは、本書でのワイガヤでは“普通”の吐き出しと位置づけます。

一方、ある新人が自分の頭で考え、「不」を吐き出しました。ベテランから見ると、常識に見える「不」だったとします。そのようなものであっても、新人は自分で気づき、自分の頭で考えて言葉にしているのなら、ワイガヤでは“良い”吐き出しと位置づけるのです。ワイガヤの進行役は、先ほどのベテランに対しては経験に基づく「不」を受けて、自分の頭で考え、一段深く掘り下げて吐き出すことを促します。

カイゼン活動では、“結果”よりも“プロセス”を大事にします。そのことを、ワイガヤの中で意識づけします。したがって、「不」という“結果”ではなく、「不」を自分の頭で考えるという“プロセス”に価値を置くのです。その積み重ねが、現場のメンバーが自ら考え、自ら動くことをことにつながります。その第一歩が、“魂の言葉”で語ることから始まります。これを、ワイガヤのルールの1つとして、事前にメンバー全員に周知します。

■“ワイガヤ”という語感でカイゼン活動のイメージがよくなる

ある中小企業の工場の事例です。現場のパートさんが、カイゼン活動のことを“ワイガヤ”と呼んでいました。「今日は、ワイガヤです」「早くワイガヤしなきゃ…」というように使っていました。わかりやすいので、社長も同じように使い始めました。

当初は、言葉使いを訂正していましたが、あるときからは、訂正するのをやめました。現場の中にイメージとしてできている“ワイガヤ”という言葉は、自分たちの言葉になっていると感じたからです。

さらに、その“ワイガヤ”という言葉には、安全で安心な場の意味も含まれているように感じました。現場の“ワイガヤをする”という言葉が、「安全で安心な場の中で、自分の頭で考えて行動する」（≒カイゼン活動をする）というようになりつつあると感じたからです。カイゼン活動の目指す姿は、個々が自立し、自分の頭で考え、他を支援し、組織として成長していくことです。その手法として、ワイガヤの精神は重要です。

One Point	人は表現したい生き物。安全で安心な場をつくることができたら、自然に吐き出せるようになる

個々の考える力を引き出すために、安全で安心な場をつくる

リーダー

ワイガヤ手法を用いる最大の狙いは何ですか？

「個々の考える力、事実をとらえる力を育成すること」
カイゼン活動は、メンバー全員が自分の目で見て、自分の頭で考え、自分で行動することが大事。そのためには、「個々の考える」力を重要視しています

カイゼンの達人

リーダー

「個々の考える」力を育てていく上で、重要なことは何ですか？

現場の人が安全で安心な場をつくることです。そう思えると、創造性が高まり、自由な発想も生まれやすくなります
「安全で安心な場と感じられると気持ちに余裕ができ、そして、自分の頭で"考える"ようになる」とカイゼン活動が上手くいっている工場のあるリーダーが言っていましたよ

カイゼンの達人

繁忙期でも安全で安心な場

　カイゼン活動に苦戦する工場のことです。納期に追われて忙しすぎる状況で、日々ささいな問題が発生していました。そのため「問題点を見つけたら、見つけた人がその場で対応する」ことになりました。

　あるとき、通路脇に工具が落ちていました。それを若手作業者が見つけて、管理者に伝えました。管理者は、「忙しいんだから、見つけた人が戻しておいてよ」と言いました。その後、若手は元に戻しました。

　若手作業者も忙しく、一杯一杯でした。ですが、親切に管理者に教えてあげたのです。この作業者は、次から工具が落ちていても見て見ぬふりをするようになりました。そのようなことが現場ではいくつも起きていました。

　また、この工場は納期遅れについて、上から問い詰められることも多かったのです。そのため、各自が納期遅れにならないことを考えるだけで精一杯でした。現場の人たちは、気持ちに余裕がありませんでした。

　一方、忙しくても助け合いをしている工場もあります。「忙しいのに助けてもらった」「自分は助けてもらってばかりで申し訳ない」「いつも助けてもらってばかりだったが、今回は助けることができてよかった」というような言葉が、ワイガヤで出されています。

　この違いは、どこから生まれてくるのでしょうか。忙しくて気持ちに余裕がないときは、視野が狭くなり、関心が自分個人に向くようになります。気持ちに余裕があるときは、視野は広くなり、関心が他の人にも向きます。前者の事例は安全で安心な場とはほど遠く、後者の事例は安全で安心な場が見られました。安全で安心な場は、気持ちに余裕を生みます。本当に忙しいときでも、安全で安心な場が保たれて相互支援できることは、カイゼン活動の目指す姿の１つでもあります。

第**4**章

ワイガヤルールで
カイゼン活動の場をつくる
自由で創造的なエネルギーとは

・・・・・・・・・・・・・・・・・・・・・・・・・

　カイゼン活動では、ワイガヤ手法を用います。本書のワイガヤで
つくる場は、
　○安全で安心な場
　○平等な場
　○自分の頭で考える場
　○視野を広げ、自由に発言できる場
の４つです。また、自分の頭で考えたことが最も重要であるという
価値観も同時に育んでいきます。さらに、このワイガヤの場が日常
で定義するようにします。このことが、風土カイゼンにつながるの
です。
　本章では、ワイガヤが根づくために必要な９つのルールについ
て、順を追って紹介します。

4-1 安全で安心な場をつくる

　「不」の吐き出しは、個々に吐き出す場合とチームで「不」を共有しながら行う場合とに分けられます。それらにおいて、メンバーが安全で安心な場と思えれば、思い切って、そして率直に発言できるようになります。また、創造的に考えられるようになり、良いアイデアが生まれやすくなります。

◆ルール１：ワイガヤで発言したことは、参加者間であってもワイガヤ後
　　　　　 には持ち出さない

　ワイガヤでは、1つの思い切った発言から問題の本質に迫る「不」が見つかることが多いです。そのような発言を生み出しやすくするには、率直に発言をしても大丈夫という安全で安心な場が必要です。

■ 発言を自重させる局面を回避しよう

　たとえばワイガヤ後に、参加者間で「○○さん、ワイガヤで○○と言ってましたよね。そう思うなら、やってみてください」などと言われるかもしれません。発言に責任が生まれることを気にする人もいます。また、「ワイガヤで○○と言ってましたが、それはもう、みんな知っていることです」と言われて、後で恥ずかしい思いをするのを避ける人もいます。

　これは、とても重要なルールです。カイゼンリーダーは、ワイガヤの始まる前と終わるときには、「ワイガヤで発言したことは、後では持ち出さないでください」と念を押して伝えるようにすべきです。

■ 少しずつ信用を勝ち取る

　「念を押すだけで効果があるの？」と思われるかもしれません。実際には、安全で安心な場を宣言し、思い切って発言されている場合は、みなさんがこのルールを守ってくれています。逆に、このルールが守られなかったとき、次回からはメンバーの多くが発言してくれなくなります。安全・安心とは言えない、危険を感じる場での発言はためらうものです。

　ここでの安全で安心な場は、信用と似ています。信用は時間をかけて積み上

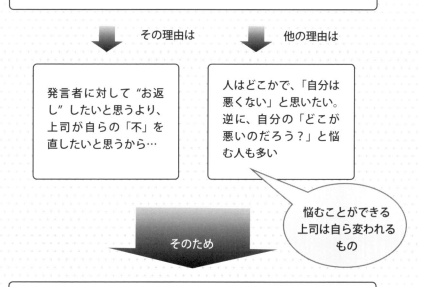

上司に関する「不」が多く出された場合

上司は「不」の具体的な内容や発言者が気になる

その理由は

他の理由は

発言者に対して"お返し"したいと思うより、上司が自らの「不」を直したいと思うから…

人はどこかで、「自分は悪くない」と思いたい。逆に、自分の「どこが悪いのだろう？」と悩む人も多い

悩むことができる上司は自ら変われるもの

そのため

進行役は、上司に関する「不」はできるだけ具体的に聞く

たとえば、上司の部下に対する発言に関する「不」は
○どのような状況での発言か？（そのときの状況）
○どのように言われたのか？（発言内容）
○言われた人は、発言をどのように受け取ったのか？（発言の効果）

げることで築くことができますが、壊れるときは一瞬です。そして、修復には時間がかかります。それと似ています。

┌──┐
◆ルール2：「不」を人で表現せず、仕組みや行為（コト）で表現する
└──┘

　人に対する「不」は吐き出さないようにします。その場にいない人の「不」であっても、人に対する「不」が吐き出されると、自分がいないときには、自分に対する「不」が吐き出されていると思うものです。この場は、安全で安心な場ではないと感じるようになります。他にも、このルールには狙いがあります。

■人は変えられないが、仕組みや行為は変えられる

　人を尊重する場をつくります。トヨタ生産方式に、「人を責めるな、仕組みを責めろ」という言葉があります。ミスやトラブルが発生したのは、人に原因があるではなく、仕組みに原因があるとする考え方です。これと同じです。

　「不」の解消に取り組む場合、その「不」は変えられるものであることが前提になります。「不」を人で表現すると、変えにくくなります。一方、「不」を仕組みや行為で表現すると変えることができます。

　たとえば、ある人が「○○さんは作業が遅い」という「不」を持っていたとします。この場合、「○○さん」という人に対する「不」を、行為や仕組みで表現してもらうのです。「A作業とB作業の間で手が止まっている」というように作業の仕方か、あるいは「作業前に工具や部品をあらかじめ手元に集めていない」というように、行為から吐き出してもらいます。

　また、対象となっていた人も、それらの行為や仕組みに関する「不」を聞いたとき、自分のことと気づくことが多いです。このとき、行為や仕組みで表現されれば、自分をカイゼンする場合のヒントになります。

■感情優位にならないようにし、客観視できるようにする

　本質的な「不」は、感情優位なときより、冷静時の方が見つけやすくなります。「不」を仕組みや行為で表現しようとすると、「不」を客観視するようになります。気持ちをニュートラルにしてもらうための仕掛けでもあります。

┌──┐
 安全で安心な場は時間をかけてつくり上げる
└──┘

「不」を仕組みや行為（コト）で表現してもらった事例

「不」の吐き出しをしようと現場の方に呼びかけたところ、「いい機会だから、思っていることを吐き出すぞ！」と意気込んでいる人がいた。感情優位の状態だった。そして、「〇〇さんはミスが多い」と、個人に焦点を当てて吐き出しをした

 そのため

以下のように具体例で伝えるとよい
○「人に焦点を当てるのではなく、ミスをしやすい作業や時間帯、そのときの状況、あるいは作業のやり方を吐き出す」
○「作業手順があるのか？　あるとすれば、守られているのかなど、仕組みで吐き出す」

「不」を人で表現せず、仕組みや行為（コト）で表現するというルールを改めて念押しする

 つまり

その人の作業そのものに焦点を当てて客観視してもらい、理性的に考えるきっかけにする。その結果、「不」をより深く掘り下げることにつながる

4-2 | 平等な場をつくる

　個々の吐き出しが終わったら、ワイガヤ形式で個々の「不」をメンバーみんなで共有します。他の人の「不」を聞くことで、さらに自分の「不」を深めることができます。それを通じて吐き出しを繰り返し、「不」を深めていきます。このとき、平等な場をつくることが重要です。

◆ルール3：経験年数や年齢に関係なく、発言時間や発言回数を平等にする

　平等な場にする理由はいくつかあります。

■ 頭に浮かんだ言葉をストレートに吐き出してもらう

　頭に浮かんだ言葉を、当たり障りのない言葉や丁寧な言葉で言い換えようとすると、問題の核心がオブラートに包まれることがあります。また、頭に浮かんだ言葉は蒸気のようにすぐに消えます。そのため、その言葉を新鮮なままストレートに吐き出してもらうのです。これは、飲み会などで"今日は無礼講！"と宣言することと同じで、立場や経験年数などの上下関係を取り払って楽しむことです。

　ここで、"無礼講！"とは異なるところがあります。飲み会の"無礼講"では無意識的に吐き出されます。

　一方、「不」の吐き出しでは、意識的に考えることを求めます。「何が『不』なのだろう？」など、自分自身と対話するように考えてもらいます。ストレートに吐き出すのは、そこで浮かんだ言葉です。すなわち、「不」の内容は考えてもらいますが、その言葉使いなどの表現方法はストレートで述べてもらうのです。その言葉使いが礼儀などに反したり、誤解を受けたりしそうな場合は、進行役が適切な言葉に置き換えます。これは、進行役にとって重要な役割の1つに挙げられます。

■ 全員が考える活動を意識づける

　個々に吐き出した「不」の共有は、1人ひとり順番に行います。このとき、それぞれの発言時間は同じにします。

ストレートに吐き出してもらうために進行役がすること

平等と伝えても、ベテランの中には若手の言葉使いが友達口調になったり、荒っぽかったりすることがあり、不快に感じる人が現れる

 そのため

進行役は

礼儀などに反しそうな言葉が出たらフォロー

その場で礼儀に則した言葉に言い換える

 その結果

その言葉を発した人は、安心して発言できるようになる
その言葉を受けた人は、不快に感じた気持ちを解消したり和らげたりすることができる

 さらに

その言葉を発した人は、言葉使いを覚えるきっかけになる
その言葉を受けた人は、平等を受け入れてくれるようになる

ベテランほど多くの「不」を吐き出します。また「不」の内容も濃く、多数挙げてほしいこともあり、発言時間が長くなる傾向にあります。一方、新人は、吐き出せるほど数多くの「不」を持っているわけではありません。そのため、発言時間は短くなる傾向にあります。この場合でも、発言時間の平等を原則にします。

　そうすると、ベテランは要点をまとめて短くしようと考えるようになります。これまでの知識や経験の蓄積で日々を過ごすベテランには、コンパクトに考えるきっかけにしてもらっています。新人はもっと吐き出して、時間を長くできないかを考えるようになります。

　一般的なブレーンストーミングでは、ベテランなどのキーパーソンの独壇場になることがあります。ワイガヤにおいては、このルールで全員が考えるよう意識づけをしていきます。

■ 全員参加型を意識づける

　ワイガヤでは、「不」の共有に区切りがついたところで、改めて「不」の掘り下げをします。そして、その後の通常のカイゼン活動が始まっても、発言回数の平等を原則とします。

　たとえば、「この『不』どうして生まれたのですか？」と聞いて掘り下げをします。あるいは、「この『不』を解消するためのアイデアはありませんか？」と発言を促します。

　このとき、席順に1人ひとり聞いていきます。したがって、これにより全員が発言することになります。ベテランは一度発言したら、次の人に発言を譲ります。ここでも、ベテランは短い言葉で要点をまとめようとします。一方、新人は、掘り下げられる「不」を見つけようと考えるようになります。

　つまり、ベテランも新人も考えて話をしようとするのです。ワイガヤでは、この全員が考えるというプロセスをとても大事にしています。このようにして、「不」の吐き出し段階から、新人からベテランまで自分の頭で考えることをルールに組み入れます。また、人は自分が発言したことを行動に移そうとする傾向があります。このようにして全員参加の意識づけをするのです。

 One Point 機会均等で全員参加を意識づける

全員が考え、全員が参加する活動にしていく秘訣

発言時間や発言回数の平等を徹底したとき、
若手に引っ張られ、ベテランの知見や知恵を活かしにくくなる
懸念や非効率になる心配はないか？

これまでの経験から
そんなことはほとんどない
なぜなら、

ベテランは要点をまとめた発言となり、枝葉部分は希薄になる
ものの幹の部分は強調される
一方、若手は自分の視点で考えて発言しようとし、新鮮な発見も多い
何より、発言できたことが一種の成功体験となる

非効率になる心配は無用

それ以上に

自分の頭で考え、自分の言葉で話すことで思考は広がる
若手は自分の頭で考え、発言できたことが成功体験になる
ベテランも要点をまとめようとすることで、
発言に切れ味が増して成功体験になる

4-3 自分の頭で考える場をつくる

　これは、カイゼン活動全般で最も大事なルールです。「不」の吐き出しには ワイガヤ手法を用いることを前章3-7項でも触れましたが、ここで改めてその 内容を深く見ていきます。

```
◆ルール4：知識、経験から常識になっていること、他の人から聞いたこ
　　　　　とより、自分の頭で考えた「不」の方が価値があるものとする
```

　ベテランは、多くのことを知っています。そのため、良い「不」をたくさん 吐き出してくれます。ワイガヤをしていても、問題の本質に迫る吐き出しをし てくれることが多いです。

■ ワイガヤでは"自分で考える"ことを最も大切にする

　ワイガヤでは、過去の経験や知識がそのまま吐き出されることもあります。 一方、ワイガヤでは"自分で考える"ことを最も大切にします。吐き出した "結果"より、吐き出す"プロセス"の方に価値を置きます。そのため、ベテ ランには豊富な経験や知識を用いて、一段深く考え吐き出してもらうのです。
　ある会社の事例です。ボトルネックによって、残業で帰りが遅くなるという 「不」がありました。若手は、一段階深く考えて、帰りが遅くなる原因は工程 の中にあるボトルネックが原因と考えました。そして、さらに一段階深く考え て、塗装工程が停滞することに思い至ったのです。それを「不」として挙げま した。2段階深く考えて吐き出ししたことになります。
　一方のベテランは、塗装工程が遅いことで帰りが遅くなることを知っていま した。そのため、「塗装工程が滞っている」とそのまま吐き出したのです。
　ベテランにとって、塗装工程が原因で残業になるのは自明でした。したがっ て、若手の吐き出しはごく当たり前のように映ったわけです。しかし、自分の 頭で考えて塗装工程という吐き出しをした若手と、以前からの経験で知ってい る塗装工程を吐き出したベテランとを比較すると、"考える"という点では若 手の方が良い吐き出しをしたとワイガヤではとらえます。

アウトプットそのものよりも吐き出す"プロセス"に価値を置く

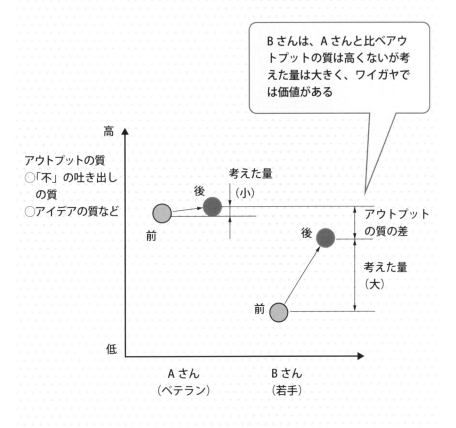

Bさんは、Aさんと比べアウトプットの質は高くないが考えた量は大きく、ワイガヤでは価値がある

アウトプットの質
○「不」の吐き出しの質
○アイデアの質など

高

後
考えた量（小）

前

後

前
考えた量（大）

アウトプットの質の差

低

Aさん
（ベテラン）

Bさん
（若手）

⬤ 吐き出し前の知識・経験

⬤ 吐き出した「不」やアイデア

このようなルールにすると、ベテランは1段階深く考えようと意識します。塗装工程の何が「不」かを考えてもらいます。作業者の育成が弱いのか、段取り作業の手順にムダがあるのかなどです。若手は、自分の頭で考えたことであれば、ベテランが当たり前と思うことでも吐き出していいという安心感が生まれます。これによって、若手の吐き出しが活発になります。結果よりも、考えたというプロセスに価値を置くからです。

■吐き出した"結果"よりも吐き出す"プロセス"の方に価値を置く

ブレインストーミングでは、吐き出そうするプロセスより、吐き出された結果の方が重視されることが多いです。アイデア出しが目的のブレーンストーミングの場合は特にそうです。つまり、「良いアイデア＝良い結果」の関係になります。そのため良いアイデアを出す人が多く発言します。一方、良いアイデアを持たない人、たとえば若い人は聞き役に回ることが多いです。あるいは、良いアイデアを出される人のサポート役に回ることもあります。

ワイガヤでは、どれだけ考えたかというプロセスに重点を置きます。若手は、そのことで発言しやすくなります。また、発言を促されます。一方、普段あまり考えずに、惰性で仕事をしているベテランには、さらに考えてもらうきっかけにします。

■カイゼンリーダーの最大の役割は、考える機会をつくること

これは、言葉で言うのは簡単ですが、実際には難しいです。あまり考えることなく、過去の経験や知識からでも、良いアイデアを出してもらえることは組織にとって非常にありがたいからです。

カイゼンリーダーは、上述したアイデアを尊重しながらも、自分で考えるという場を多くの場面で仕掛けていきます。カイゼンリーダーの最大の役割は、考える機会をつくることになります。

考えるトレーニングを積み、「自分の頭で考えたことが一番という価値観」ができてくると、現場は変わり始めます。自分たちで問題点を見つけ、考え、動くようになってきます。カイゼンリーダーの任務も楽しくなってきます。

One
Point　考える"プロセス"に価値を置く

　ある事例があります。

　新人の女性で、電話を受けるのが怖いという「不」が吐き出されました。そこで、どうして電話をとるのが怖いのかについて深めてもらうことにしました。理由は製造が追いついていなく、お客様からの注文に対していつも断っていることが背景にあるようでした。つまり、毎回断るために電話を受けるようになっていて、そのことがツライとのことです。この新人は最初、「自分には吐き出すものがない」と頭を悩ませていました。そのような中で、自分の頭で考えて吐き出しができたのです。

　電話で注文を断っているという事実は、職場のエースも含めてみんなが知っていました。しかし、そのために新人が電話をとるのがツライと感じていることは知らなかったのです。この思いを吐き出せた新人は、自分の頭で考えて吐き出しができました。

　これを受けて、その場にいたエースは、「新人にそのような思いをさせてはいけない、お客様にも申し訳ない」と強く認識しました。そして、カイゼン活動をより前進させようと思うようになったのです。これは、カイゼン課題を見つけるためというより、メンバーへの意識づけにも役立ちました。

　若手が吐き出すものがない中で、考えてする吐き出しからは、とても貴重な「不」が表れます。問題点への着眼という意味では、ベテランの方が鋭いです。しかし、ワイガヤでは"考えて吐き出す"というプロセスをルールとし、どれだけ考えを深めたかでワイガヤの善し悪しを決めていくのです。

4-4 視野を広げ、自由に発言 できる場をつくる

　ワイガヤでは視野を広げて、自分の頭で考えることを重要視しています。そのため、いくつかのルールがあります。

◆ルール5：担当外でも、自分ができていなくても吐き出す

　ワイガヤでは、「不」を網羅できるよう当事者でなくても、自分ができていなくても幅広く吐き出してもらいます。

■ 発言した後に評価すればよく、当事者でなくても発言を促す

　製造現場では、関係者以外は発言を避ける風土があります。確かに、実行段階では実際に行動できる人の意見を優先する方が、上手くいくことが多いです。一方、現状を分析したり、アイデアを出したりするときに、広く意見をもらう方が上手くいくことが多いでしょう。

　しかし、実行は難しいです。最も汗を流している当事者にとって、事情をよく知らない人から言われたくない、などとと思うものです。

　発言者から見れば、内部事情などわからないのに、その場で思いついたことを吐き出しして見当違いと思われたくない、ということもあります。結論として、それでも吐き出してもらいます。吐き出した後に評価すればいいだけだからです。評価は、原則「不」の件数で判断します。ワイガヤは7～8人で行いますが、担当外のメンバーの2、3人から同じような「不」が出された場合、的を得ている可能性が高いです。1人だけの「不」の場合、発言者個人で感じていることが多いと言えます。

■ 違和感を感じるような「不」は優しくスルーして受け止める

　「不」は後から集計するため、吐き出し時はそのまま受け止めます。

　メンバーには、「不」に違和感を生じてもいったん受け止めることを伝えます。ほとんどの場合、優しくスルーしてもらえます。しかし、たまに、「それは違います」と反論を言われる人が出てきます。その場合、進行役はこのルールを再度伝えます。

「不」の吐き出しに違和感があるときに進行役が注意すること

ワイガヤで重要なことは
①視野を広げること、②自分の頭で考えること
そのために、自由に発言してもらう

そして

他の人の「不」に違和感があった場合

原則、そのまま受け止める
吐き出した後に評価すればよい

進行役の役割1

○他の人の「不」に対し、同調して「そうだ、そうだ」のような吐き出しがあったとき

自分の頭で考えた発言でないようなら、ワイガヤルールを伝えて発言を控えてもらう

進行役の役割2

場の雰囲気で違和感を読み取る

○違和感のある「不」が吐き出されたとき

「ちょっと違うかな…」「そうじゃないような…」と思い、メンバーの多くが伏し目がちになることもある

○「不」が当たっているとき

「そうだ、そうだ」「その通りだ」と思い、メンバーの多くの目が開いている

進行役は、この空気感を感じ取って具体的な「不」を聞いていく

　他のメンバーの「不」を聞いていると、新たな「不」が浮かんできます。この浮かんできた「不」はお宝と化します。

■同じ「不」を感じている人が他にいるとわかり、客観性が高まる
　吐き出された「不」の中には、抽象的な表現やあいまいな表現もあります。そのため、他の人で同じように感じていれば、自身の「不」にかぶせて発言してもらいます。そのことで「不」が具体的になり、客観性も高まります。

■「不」を掘り下げ、多面的にとらえられる
　「不」の視点が増えると、その本質に迫れるようになります。他の視点が入ることで、「不」の影響の範囲も見えてくるのです。また、複数人で同じ「不」を見ていることを通じ、発言者間で仲間意識のようなものが生まれます。

◆ルール7：他の人の発言を批判しない。ただし、詳しい内容や事例を聞くことはいい

　原則、批判はしません。ただし、抽象的な「不」、意味をつかみにくい「不」はあります。そのときは、具体的な内容や実際にそのような「不」を感じた事例などを聞くようにします。たとえば、単に「大変だ」「不安だ」という「不」が吐き出されることに対し、"何が""どのように"大変なのかを聞くのです。

■詳しい内容を聞くときには、安全な場づくりをする
　詳しい内容を聞かれると、その言い方によっては「責められている」、あるいは「場違いなことを言ってしまった」と一方的に感じる人もいます。そのように感じると、気持ちが固くなります。
　したがって、抽象的な「不」を具体的に聞く場合、具体的な事例を聞くことは進行役が行います。そのとき、安全な場をつくることを心掛けます。そのポイントは、発言者の「大変だ」に"共感"することです。

One
Point　発言の多様性を認め合える場をつくる

詳しい内容や事例を聞くため安全な場をつくる

抽象的な「大変だ」という「不」に対して詳しい内容を聞かれると、言い方によっては責められているように感じることも

そのため

進行役は「安全ですよ」という場をつくる

 やること　　　　　　　 やってはいけないこと

共感を持って聞く	違和感などを持って聞く
まずは、「大変だ」「不安だ」という抽象的な「不」に共感する。具体的には、進行役自身が「大変だ」「不安だ」という状況をイメージし、それに合わせるために「具体的な内容を聞かせてほしい」「そのように感じた事例を教えてほしい」と聞く	吐き出された「不」に対して「大変なわけないでしょ？」「何が不安なんだ？」というように、違和感を持って具体的な内容を聞かないようにする。進行役こそ、吐き出された「不」を一度ストレートに受け止めることが重要

4-5 ワイガヤの場を日常にする

　ワイガヤでつくり上げた安全で安心な場を、後のカイゼン活動や日常業務に浸透させます。そのために、進行役は最初のワイガヤから意識づけします。

> ◆ルール8：ワイガヤ後には、参加していないメンバーと「不」を共有してもいいが、"誰が"発言したかは言わない

　ワイガヤで吐き出された「不」は原則オープンにします。その理由は、カイゼン活動に火をともし、現場に活動を浸透させるためです。

■「不」をすぐにオープンにする

　「不」の吐き出しを行うと、何かが変わりそうという期待感とともに、「不」の解消に取り組む活動は面白そうという興味が生まれます。それが、現場のメンバーの心に火をともし、カイゼン活動のエネルギーを生み出します。

　カイゼン活動では、最初にキックオフ会などのセレモニーを行うことが多いでしょう。しかし、単なる打ち上げ花火のようになり、そのまま停滞することも少なくないです。そのため、第2弾の仕掛けをすぐに行います。その仕掛けが、「不」をオープンにすることです。

■「不」はオープンにできるか？

　「不」自体は、人で表現するのではなく、仕組みやコト（行為）で表現しているため、原則オープンにできます。仕組みやコトは、感情ではなく事実ですから、オープンにしていいのです。もし、支障がある「不」があれば、非公開にする基準を示して削除できます。たとえば、人で表現しないというルールを設けても、特定の人に対する中傷や人格に関すると思われるものが含まれることがあるからです。事実的な根拠のない「不」も削除できます。

　これら「不」をオープンにするとき、"誰が"発言したかがオープンになっていると、その後の吐き出しが弱くなります。吐き出しても安全という場を育て、思い切って吐き出してもらえるようにします。そのために、"誰が"書いたかは言わないことを事前に周知すべきです。

「不」をオープンにするために気をつけること

1.「不」をオープンにすることは事前に知らせておく

「不」を仕組みや行為で表現すること、"誰が"発言したかは言わないこと、などのワイガヤルールを事前に伝える

2.「不」をオープンにする方法を「不」の吐き出し後に決める

ポストイットをそのままオープンにすることに抵抗があるようなときは、表計算ソフトなどで表にまとめる（以下は、まとめ例）

分類	関心事数	主な関心事
人材、 業務負荷	41	○1人ひとりに余裕がない。：人員不足 ○作業量を考慮して人数を決めてほしい ○若い人が少ない ○少数精鋭→ミスが増える：増員してほしい ○班長の仕事が多すぎる。ex.駐車場の除草などキリがない ○作業内容が増え、時間内に作業が終わらない。残業が多い ○・・・・
リーダ シップ	38	○トップの決め事に対し、無理だよと思うときがある ○上下間で言いやすい雰囲気にならない ○問題を丸投げされる ○・・・・
待遇	30	○連続した休みをとりにくい ○経営者は給料を出すというけれども、上がったことがない 　→無い袖はふれない、ということは理解している ○・・・・
作業	21	○作業をいつのまにか各自でアレンジしてしまう ○ルールが決まっていても、班長が交替すると変わる ○各自の仕事量（守備範囲）が多く、1つひとつが中途半端になりがち。漏れやミスが出る ○・・・・
コミュニ ケーション	18	○作業者間のコミュニケーションが不足している ○言いやすい人に言う。言いづらい人には言わない ○以前より班長と作業者が話す機会が減ってきている。→忙しすぎ ○・・・・

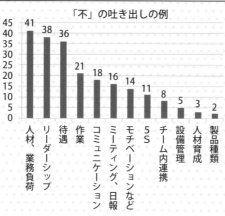

「不」の吐き出しの例

　ワイガヤで重要なことは、自由で平等な場をつくることです。そして、思い
切ったことを発言しても安全・安心と思える場をつくることです。進行役の腕
の見せどころが、この場をつくり上げることと言っても過言ではありません。

■ワイガヤの2〜3時間は、研修の場と認識してもらう

　ワイガヤの場を日常的につくり上げることは難しいです。一方、ワイガヤを
している2〜3時間であれば、この場をつくることはできます。現場の人にワ
イガヤのルールを伝えると、ほとんどの人は理解してくれます。しかし、その
効果はせいぜい10分程度で、多くは発言しているうちに元に戻ります。

　そのため、進行役は、ワイガヤルールから外れたと気づいたときは、元に戻
すようメンバーに促します。その都度、「このワイガヤは一種の研修です。ワ
イガヤの2〜3時間は、ルールを守りましょう」と伝えます。

　研修だからと伝えることで、この場は特別という意識を持ってもらえます。
また、時間を制限すると、その時間なら守れると思ってもらえるものです。こ
れらを繰り返し伝えることで、メンバーは守ってくれるようになります。

■ワイガヤの場を日常業務の場にしていく

　ワイガヤのルールを用いてつくり上げた場は、自由と平等の場、安全で安心
な場です。そして、最初のワイガヤ2〜3時間、これらのルールを守れるよう
になると、次のワイガヤでも守れるようになります。さらには、日常業務でも
これらルールの余韻が残ってきます。

　このようにして、ワイガヤを通じて、自由と平等、安全で安心な場が少しず
つ日常に現れてきます。安全で安心な場が定着してくると、創造性が高くなる
のです。そして、自立して動くようになるのです。カイゼンリーダーの最大の
腕の見せどころが、このような創造的で自立的な場をつくり上げることです。

One Point 　まず、ワイガヤの2〜3時間はルールを守り切る

ワイガヤルールを浸透させていくこと

カイゼン活動が上手くいっている工場

創造性が高く、自立して動く人が多い
そんな工場には、自由で平等な場、安全・安心と思える場がある

 その取り組みとは？

この場は、コツコツ積み上げてきたもので
「特別なことはしていない」と称される

 この場に近づけるため、
カイゼンリーダーは

ワイガヤのルールを浸透させることが一番

 そのため

最初の「不」の吐き出しで、ワイガヤのルールを浸透させること
は最も重要
カイゼンリーダーの腕の見せどころが、ここにある

上司への「不」がないのは
いいことか?

「不」を人で行わないことには、例外があります。

「工場長の指示がすぐに変わる」「社長の言うことが絶対で、意見が言えない」など、役職者のマネジメントに関する「不」の場合です。この場合、人で表現せず、仕組みや行為だけで「不」を吐き出すことは難しい場合があります。また、吐き出ししても抽象的になり、どのような「不」かつかめないこともあります。「不」がつかめないと、その解消にもつながりません。

■「不」を人で表現することはNGですが、役職名はOKにする

役職者も、「自分のことを酒の肴のようにしているんだろう…」と受け入れてくれることが多いです。ワイガヤ後ですが、その結果を見て耳が痛くても、「よかった」と告げる人がほとんどです。なぜなら、ほとんどの「不」は心当たりのあることだからです。

役職者は現場に対し、ストレッチさせた課題、さらにはチャレンジングな課題を設定することが多いです。そのため現場の中には、「それは難しいよ…」などの思いから、役職者に対する「不」は現れやすいです。また、人間ですから完璧ではありません。重い責任を負っているからこそ、感情が現れることもあります。

ですから、役職者に対する「不」があって当たり前なのです。

逆に、役職者に対する「不」がゼロの場合の方が不自然に思えます。以下に、「不」がほとんど現れない2つのケースを紹介します。

◇ケース1:現場に対してゆるい課題設定になっている、あるいは役職者と現場との人的関係が緊密すぎる

役職者は、現場に対しストレッチさせた目標を設定することが多いです。そして、その目標設定の目的や効果をきちんと説明しても、現場からは、それに対する「不」は現れることはゼロにはならないものです。

また、特定の役職者に対して、とてもお世話になったなどの緊密関係の場合もあります。たとえば、現在の師弟関係、昔の上司と部下の関係です。この場合も、その役職者に対する「不」が現れなくなります。

現場第一主義の上司への「不」がなかった事例

　ある会社の事例です。

　現場は忙しすぎてカイゼン活動への時間を確保できず、場当たり的な活動になっていました。一方、工場長は現場に対し、ハイレベルなカイゼンを求めていました。

　ワイガヤをすると、工場長に対する「不」は多く出されるものの、課長に対する「不」はゼロでした。この課長（現場のリーダー）は、現場のメンバーへの思い入れも強く、いつも現場第一主義で考えていました。課長は現場からのたたき上げで「現場を守る」とよく口にしていました。

　「不」を掘り下げてみると、課長の現場に対するカイゼン課題の設定は、現場ができそうなものばかりということがわかりました。また、課長と現場が緊密すぎることも見えてきました。つまりは、"仲良し"関係だったのです。

　工場長の要求が高すぎる理由も見えてきました。これまで、カイゼン課題の達成レベルは半分以下でした。そのため、工場長が本音で達成してほしいと考える2倍以上の成果を求めていました。つまり、工場長も現場も目標を達成できるとは思っていないのです。もちろん、目標が達成されることはありません。現場も達成感を得られず、カイゼン活動への意欲も出てきませんでした。

　この事例では、課長は、工場長の想いを理解し現場に伝え、現場の想いを工場長に伝え、適切な目標設定をすることが重要な仕事となりました。

◇ケース２：役職者と現場の関わりが薄い

　役職者と関わりが薄い、その役職者に対し無関心である、期待もしていないときには、役職者に対する「不」は現れにくくなります。現場との関わりが薄い場合、「工場長とほとんど話さない」「部長は現場のことをわかっていない」などの「不」が現れることはあります。しかし、それを過ぎると「不」としても現れなくなります。

　これは、現場と役職者との距離感にもよります。大企業の場合だと、経営トップに対する「不」は現場から出ることはほとんどありません。一方、小規模企業の場合、現場と経営トップとの距離は近いため、トップに対する「不」は普通に現れます。

　つまり、現場と役職者との距離が遠くなるところから、「不」は現れなくなります。「不」の結果を分析する場合、役職者との距離が近いのに、「不」が現れていないというところに着眼します。

■ 役職者に対する「不」はあって当たり前

　ある会社の事例です。

　20〜30人規模の会社でした。社長と現場は近い距離にありました。多くの同規模の会社と同様に、社長は従業員１人ひとりの仕事の内容、得意・不得意なところ、性格なども把握していました。従業員も社長のキャラクターを把握していました。

　ところが、ワイガヤでは社長に対する「不」がゼロでした。掘り下げたところここ数年、社長はお客様回りや業界や財界の集まりなどで、ほとんど現場に顔を出していませんでした。また、社長に現場の問題点を報告しても、「現場で解決してください」との回答が続いたそうです。結果として、社長に対する「不」はなく、工場長に対するものばかりでした。

　逆に、「『不』がない方が何かある」と考える方が自然です。役職者の中には、自分に対する「不」を敬遠される人が多いです。この場合、カイゼンリーダーは、「役職者に対する「不」は普通」という事実を伝えてみてください。

> **One Point**　役職者への「不」はあって当たり前
> 出ていない場合は原因を探す

役職者と現場との関わりが薄くなる要因

役職者が管理する従業員・スタッフ 50 人程度の場合を 1 つの目安とする

ただし

工場がワンフロアーか、工程ごとに別部屋になっているかなどの物理的な要因に加えて
業種やコミュニケーションの仕組み、などによっても異なる

そのため

この規模で、そのリーダーに対する「不」が現れない場合、進行役は
「役職者に対する『不』はないか」をあえて聞くようにする

役職者の「不」も解消する

工場長の中には、職人からのたたき上げでなった人も少なくない。
「"長" になるよりも現場で作業した方が楽」と考えている人もいて、
工場長自身が「不」で悩んでいる場合もある。「不」の吐き出しで、
そのような工場長の「不」を仕組み・行為で具体的に掘り下げ、それ
を本人に伝えて工場長自身の「不」の解消につなげる

4-7 「不」の吐き出しに対する暗黙のプレッシャーはあるか?

　「役職者に対して『不』を吐き出すな」という声なき声を感じると、現場から聞かされることがあります。また、役職者に対する「不」を吐き出すと、ワイガヤ後に大変そうになると感じている人もいます。さらには、「不」そのものを吐き出すな、というようにとらえる人もいました。そのような場合、吐き出される「不」はどのように現れるのでしょうか。また、役職者は「不」をどのように受け止めるのでしょうか。

■ 暗黙のプレッシャーがある場合、「不」の吐き出しが表面的になる

　たとえば、「暑い・寒い」「テーブルが古い」「やることが多い」など表面的・抽象的な「不」が多くなります。言いたい言葉を飲み込み、当たり障りのない言葉を選んで吐き出すのです。これでは、ワイガヤもあまり盛り上がりません。

　これら場合、「不」の"件数"にも現れます。のど元にある「不」を吐き出すと、他の「不」もどんどん吐き出せるようになります。一方、のど元にある「不」を飲み込んで、当たり障りのない「不」を探そうとすると、「不」を吐き出すのに苦労します。その結果、吐き出し"件数"も少なくなります。

■ 厳しい目標設定をしている役職者の「不」が現れない場合

　ある会社の事例です。その会社は、現場に対し目標設定が厳しく、現場は疲弊していました。目標を設定していたのがA取締役でした。

　工場は数十人規模で、現場にハッパをかけていたのもA取締役でした。多くの場合、A取締役に関する「不」は普通に表れます。しかし、A取締役の「不」はほとんどありませんでした。

　「不」の吐き出しが弱いと感じたため、その理由を掘り下げました。その会社では、トップを含め社員全員の360度評価を毎年実施していました。A取締役は、その評価結果を非常に気にしていました。会話の中にその評価結果のことが何度も表れてきました。「私への社員からの評価は高いんですよ」と言われていました。また、自分に"普通"の評価をつけた数人の名前をよく覚えていました。

場づくり	ルール	内容	進行役の心構え
安全で安心な場をつくる	【ルール1】ワイガヤで発言したことは、参加者間であってもワイガヤ後には持ち出さない	ワイガヤ後、犯人捜しや"お返し"はしない	○一度安全を害されると、不安になるので注意する ○安全・安心な場を取り戻すには、大きな努力が必要となる
	【ルール2】「不」を人で表現せず、仕組みや行為（コト）で表現する	○人を責めるな、仕組みを責めろ ○人は変えられないが、仕組みや行為は変えられる	
平等な場をつくる	【ルール3】経験年数や年齢に関係なく、発言時間や発言回数を平等にする	○全員参加型の土台をつくる ○平等はモチベーションの維持にもつながる	○平等は崩れやすい。気づいたとき、その場ですぐに指摘する
自分の頭で考える場をつくる	【ルール4】知識や経験から常識になっていること、他の人から聞いたことより、自分の頭で"考えた"「不」の方が価値があるものとする	○自分の言葉である"魂の言葉"で語ることを通じて、考える力を向上させる	○ベテランには一段深く考えてもらう ○若手には、我慢して考える時間を与えていく

従業員は、Ａ取締役が評価を気にし過ぎることを知るようになり、次の年からはＡ取締役に対し"良い"評価をつけるようになっていました。ワイガヤでも、Ａ取締役に対する「不」は、差し障りないものばかりでした。

　現場は、Ａ取締役が、ワイガヤ結果の報告を受けた場合を気にしており、暗黙のプレッシャーのようなものを感じていました。また、Ａ取締役に関しては、言いたいことを言わずに飲み込むことが習慣のようになっていました。これは少し極端な事例ですが、これに似たことはあります。

■ 役職者の多くは自分に対する「不」が気になる

　役職者は、自分に対する「不」が多いのはよくないことで、「不」が少ないのはいいことと思われています。実際は、役職者の「不」は一定数あることの方が健康的です。もちろん、ワイガヤの半分程度の時間を特定の役職者のことで費やすことは問題です。そうでなければ、健康と考えていいのです。

　多くの役職者は、自分に対する「不」を聞くと、"やっぱり言われちゃったか"との反応や"イタ気持ちいい"感覚のようです。総じて、ポジティブに受け止めています。

■ 役職者は自分に対する「不」を聞いてスッキリする事例が多い

　ある会社の事例です。

　ワイガヤ実践に半年以上抵抗していたある社長がいました。金融機関に何度もワイガヤを進められ、仕方なく取り組むことになりました。その結果、社長に対する「不」がたくさん表れました。厳しい表現のものもありました。

　しかし、報告を受けた後は、その社長はスッキリした顔になりました。その後、応接室には、社長などへの「不」もたくさん書いてある、そのワイガヤ結果が模造紙のまま貼ってあったのです。このように、役職者は自分に対する「不」を聞いてスッキリしたり、ほっとする場合の方が多いです。

　一方、役職者と現場のとの仕事の関わりが近いのに、「不」がほとんど出ないことの方が不健康と言えます。これは、一部の役職者にはわかってもらえず苦労します。「不」がないのになぜ問題と言えるのかと言われるのです。

> **One Point** 役職者に対する「不」が表面的な場合や当たり障りのないとき、改めて「不」を吐き出してもらう

場づくり	ルール	内容	進行役の心構え
視野を広げ、自由に発言できる場をつくる	【ルール5】担当外でも、自分ができていなくても吐き出す	他の人の立場で吐き出してみる	○発言内容は、後で「不」の件数などで評価する ○そのため、発言は自由にする（表現の自由を保障する） ○他の人の発言を一度受け止めてもらう
	【ルール6】他の人の発言の横取り、上乗せは大歓迎する	他の人の吐き出しに刺激を受けて、考えて膨らませてもらう	
	【ルール7】他の人の発言を批判しない。ただし、詳しい内容や事例を聞くことはよい	批判は避けてもらうが、発言の内容を確認することは可とする	
ワイガヤの場を日常にする	【ルール8】ワイガヤ後には、参加していないメンバーと「不」を共有してもいいが、"誰が"発言したかは言わない	発言者を守ることで、自由に安心して発言してもらえるようにする	○ワイガヤの場を日常業務に広げていく ○そのためワイガヤの都度、ルールを守ってもらう。その経験を積み上げていく
	【ルール9】ワイガヤは一種の研修である。このワイガヤの2〜3時間は、ワイガヤルールを守ることとする	研修と位置づけ、短時間、このルールを守ってもらう	

返報性の原理を意識して
カイゼン活動を全員に広げる

　カイゼン活動では、全員参加を目指します。全員で取り組むためのポイントの1つは、互いに助け合う風土をつくることです。

　互いに助け合いが生まれているカイゼン活動では、マーケティングなどで使われている用語で"返報性の原理"が上手く働いていると感じることがあります。返報性の原理とは、他の人から何かしてもらったら（報いを受けたら）、自分も何かお返しをしないと気が済まないという原理です。現場には、人に何かしてあげたいという、いい意味で"おせっかい"系の人がいます。その人が他のメンバーを手伝ってあげると、手伝いを受けたメンバーもその人にお返しをしたいと思うようです。

　一方、カイゼン活動が上手く進んでいない工場では、負の返報性の原理が働いています。「他は手伝ってくれないので、私も特に手伝いません」ということがありました。カイゼンリーダーは、"おせっかい"系の人を起点にして、"おせっかい"のお返しをし合うように仕掛けます。"おせっかい"の輪が全員に広がってきたとき、カイゼン活動はおのずと全員で取り組むようになっているはずです。

上手くいっている事例

困っているときは
お互いさま

おせっかいな人

自分もお返し
しなきゃ

ポジティブな報いを受けた人

苦戦している事例

手伝っている
余裕ないよ

困ってるのに
助けてくれない
私は知りません

ネガティブな報いを受けた人

第 **5** 章

現場の興味を引き出し、課題を設定する
カイゼン活動のエネルギーを生み出す

- -

　「不」を吐き出しやすくするためには、いくつかの仕掛けがあります。最初に事前準備を行います。たとえば、ワイガヤのチームづくり、部屋や備品の準備、気持ちの準備などです。

　また、「不」の吐き出しでは、個別に吐き出しをしてから、チームでの吐き出しに移ります。ステップを踏むことで吐き出しやすくすることが狙いです。さらに、「不」を深掘りします。このときは、メンバーは口頭で発言していることが多いため、進行役が書き取ります。「不」を集計し、全体像を見えるようにしましょう。その上で、さらに吐き出しを続けます。

　最後に、"自分たちでできること""他へお願いしたいこと"を吐き出してもらいます。このように、吐き出しをいくつかのステップに分け、繰り返し行います。こうすることで、本質的な「不」に近づくことができるのです。

現場の興味を引き出し、課題設定するためのステップ

　カイゼン活動の初めは現場の興味を引き出し、好奇心を刺激することに注力します。それらが活動のエネルギーになるためです。その後、課題の設定に進みますが、ここでは一連のステップを紹介します。

■ 日常生活で工夫している人から好奇心を刺激する

　「不」の吐き出しは、件数が多いこと、「不」が幅広くあることを目指します。さらに、「不」をできるだけ具体的な事実で示します。

　件数を多く、幅広く吐き出すためにはどうすべきでしょうか？

　メンバーに、日常生活でいろいろ工夫している人がいれば、その人に引っ張ってもらいます。たとえば、子育て中の社員やパートさんです。こうした人たちは仕事に、家庭にと大活躍されています。時間がいくらあっても足りない種の人です。そのため、日常生活の細かなところまで工夫され、日頃から課題を探し続けています。カイゼン活動では、"お宝"となる人たちです。

　このように日常生活で工夫されている人たちは、「不」を吐き出すための安全で安心な場を提供するだけで好奇心が刺激されます。「不」を吐き出していいことを知ると、「不」の吐き出しを面白そうととらえます。進行役は、吐き出しを抑えるのに苦労するほどです。

■ 次に、若手や経験の浅い人を刺激する

　若手の中には、自身の「不」は吐き出しにくいという人がいます。そのため、仲間を含めた"自分たち"の「不」を吐き出してもらうようにするのです。これには、視野を他に広げてもらう狙いがあります。

　若手の吐き出しが、視野が広く突っ込んだものになると、周りの人たちは刺激を受けます。そして、若手の「不」に興味を持つようになります。

　一方、中間管理職の「不」の吐き出しの様子を見ていると、背負っているものの重さを感じます。「『不』はあって当たり前。特に、吐き出すほどのことはない」と口にする人もいるほどです。こうした吐き出しの弱い人たちは最後に刺激していきます。

現場の興味を引き出し、課題設定するためのステップ

ステップ1: 日常生活で工夫している人から好奇心を刺激し、「不」を吐き出す	第一に、子育て世代の主婦がいれば、最初に吐き出してもらう 次に、若手や経験の浅い人たちに吐き出してもらう 最後に、口が重くなりがちな中間管理職に吐き出してもらう
ステップ2: メンバーにとって身近な課題を設定する	最初に、現場の「不」の解消課題をリストアップ 次に、経営課題と重複するものを選ぶ この手順によって、現場がカイゼン活動への興味や好奇心を示すようになる
ステップ3: 「不」の解消は、経営課題の周辺から取り組む 「不」の中には、経営課題と重複する部分はあっても、その周辺部であることが多い	周辺の軽いものから取り組むことで、成功体験を積み上げることが可能 気がついたら、根幹の重い課題も解決していたという進め方が理想

■「不」の共有の順序

　個々の吐き出しの後は参加者間で「不」を共有します。このとき、進行役は前項で紹介した順序で発表するようにします。また、ワイガヤをチームごとに行う場合は上述した3つの層でチームを編成し、その順序でワイガヤを行います。

　カイゼン課題は、自身や仲間の「不」の解消につながるものから選びます。次に、会社の経営課題と「重複するもの」に絞り込みます。このとき、経営課題と「重複するものはない」ということはほとんどありません。

　経営課題は、経営者も注目するため現場への働きかけが強くなります。そのため、現場の「不」として現れやすくなります。私が指導した大半の例では、現場の「不」のトップ3に経営課題が入っています。

　重要なのは、現場の「不」の解消課題を選び出し、次に経営課題と重複するものに絞り込むという"手順"です。この手順はオープンな場で、現場主導で行われます。これにより、当事者意識も高まります。そして現場の人たちが、カイゼン活動への興味や好奇心を示すようになるのです。

■「不」の解消は経営課題の周辺から取り組む

　吐き出した「不」と経営課題との重複部分はあっても、それが経営課題の"根幹"と一致するとは限りません。"根幹"ではなく"周辺"であることの方が多いです。その場合、経営課題の周辺部分から取り組み、数を重ねるうちに根幹に近づく進め方になります。

　また、根幹の課題は重いものが多く、すぐには取り掛かることはできません。最初から重い課題に取り組もうとすると目標が高くなり、興味や好奇心よりも活動のキツさの方が大きくなります。その結果、カイゼン活動を敬遠する人も出てくるのです。

　周辺の軽い課題から取り組むことで、成功体験を積み上げられます。そして、気がついたら根幹の重い課題も解決していた、という進め方が理想です。カイゼン活動では、結果としてこちらの方が早くゴールにたどり着きます。

> **One Point**　現場主導で課題を挙げ、その中からボトルネックに絞り込む

現場でのボトルネックの現れ方

1. 現場の流行語のように毎日使っている

ある会社の事例では、
急速冷蔵工程がボトルネック
経営者の関心が高く、状況を注視していた

 一方、製造現場では

「冷蔵庫待ち」という言葉を毎日のように使っていた
「不」の吐き出しをすると、「冷蔵庫待ちのため残業になる」などが挙がっていた

2. 仕掛り在庫が溜まり、いつも残業になっている

ある会社の事例では、
塗装工程がボトルネック
経営者の関心が高く、塗装工程の求人を出していた

 一方、製造現場では

塗装工程は隔離された部屋にあり、この部屋の前には仕掛り在庫が山積みになっていた。塗装工程のエースは、いつも遅くまでの作業をしていた

ラフなものかもしれないが、ボトルネックは必ず現場で見える形として表れている。初めは、ボトルネックの「不」の解消につながる課題に取り組もう

カイゼンの達人

5-2 「不」の吐き出しのメンバーは立候補で決める

　カイゼン活動の対象は原則、製造現場に勤務する正社員から臨時社員まですべての作業者とします。また、「不」の吐き出しは部課長や取締役が参加することも少なくありません。

■「不」の吐き出しのメンバーは製造以外からも集める

　最初に行う「不」の吐き出しのメンバーについては、営業部門、事務部門、関連子会社などから参加してもらいます。広く参加を募ることで、全社視点で考えるきっかけが生まれるためです。

　「不」の吐き出し後に行う小集団活動では、身近な「不」に注力します。そのため、活動を進めていくとどうしても視野が狭くなりがちです。その場合、一度、全社視点で考えてもらうようにします。活動の最初の印象は残りやすいため、視野が狭くなったときに広い視点に戻りやすくする点でも、製造部門以外からの参加には意味があります。

　また、普段交流が少ない製造部門以外の人に「不」の吐き出しに入ってもらうことで、非日常感が生まれます。ワイガヤルールを伝えるときも特別な場を演出でき、新鮮な感覚につながるためカイゼン活動の機運も高まります。

■「不」の吐き出しのメンバーは原則、立候補制にする

　「不」の吐き出しは、現場の全員に参加してもらうことが望ましいです。しかし、一度に参加できる人数やワイガヤ回数には制限があります。また、「不」の分析は、ある程度の人数と回数があれば可能です。

　実際には、メンバーは選抜することが多いです。選抜時には自主性と平等を尊重することが重要で、そのため立候補制にします。このとき、参加してほしいメンバーが選ばれないことも考えられます。しかし、ほとんどの場合、立候補者は定員に達することなく1、2人です。したがってその後、参加してほしいメンバーに立候補を促します。一方、適任ではないように思える人が立候補することも考えられます。しかし、立候補は前向きな意思の表れであることから、意志を尊重すべきでしょう。

118

「不」の吐き出し後に行う
カイゼン活動（小集団活動）のチーム編成

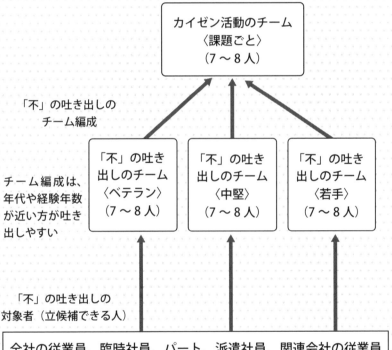

カイゼン活動のチーム
〈課題ごと〉
（7～8人）

「不」の吐き出しの
チーム編成

チーム編成は、
年代や経験年数
が近い方が吐き
出しやすい

「不」の吐き
出しのチーム
〈ベテラン〉
（7～8人）

「不」の吐き
出しのチーム
〈中堅〉
（7～8人）

「不」の吐き
出しのチーム
〈若手〉
（7～8人）

「不」の吐き出しの
対象者（立候補できる人）

全社の従業員、臨時社員、パート、派遣社員、関連会社の従業員

■ 現在の進め方に不平や不満を持っている人がいる場合

いい機会だから、「不」の吐き出しで思いっきり言おうと考えたとします。発言したことに責任は生じないし、発言後に犯人探しもしないというルールも伝えています。カイゼンリーダーの中には、こうした人の立候補を懸念する声もあります。しかし、実際に立候補した例はありません。

こうした人は、一人で立候補しても伝える効果が弱いと考えています。そのため、同じような「不」を持っている方を誘おうとするのです。しかし、複数で立候補することはありません。傾向として、「不」をたくさん吐き出したい人の多くは、現状を大きく“変えたくない”と思っているのです。

一方、いい機会だから「不」を吐き出したいと思い、かつ現状を強く“変えたい”と考える人には、私は積極的に立候補を促します。そのような人は、現体制に対して否定的なところはありますが、だからこそカイゼン活動に加わってもらい行動してほしいのです。実際にカイゼン活動の中で良い働きをしてくれています。さらに、「不」はあるけれども“変えたくない”という人たちにも良い影響を及ぼします。

また、新人や若手などが立候補して実際に活動に参加すると、場違いのように感じることもあります。カイゼン活動は、興味や好奇心を活かして行うことが理想です。場違いのように感じても大歓迎です。カイゼンリーダーには、ぜひこのような人を引き上げてくれることを望みます。

■ 機会の平等を保障する

立候補を募っても、手を挙げる方はほとんど現れません。そのため、カイゼンリーダーがふさわしいと思う人に対し、立候補を促すことが大半です。

これでは、立候補制ではなく、実質的な選抜制と思われるかもしれません。しかし、自由で平等な場をつくるために、このオープンな手続きは重要です。機会の平等を保障していることをわかってもらえるからです。そして、立候補の機会に、自ら自己主張したい人を見つけることもできます。これにより、選ばれなかった人の不公平感も少なくなります。選ばれなかった人のカイゼン活動への参画意欲を下げることも防げるのです。

One Point　メンバー選びでは、機会の平等を保障して不公平感をなくす

機会の平等を保障するための手続きを重視する

ワイガヤのメンバーに選ばなかった人は、リーダーが考えている以上
に選んだ基準について気にしている

リーダーが、メンバーを選ぶという従来の方法の場合、
メンバーに選ばれなかった人は

その後のカイゼン活動に取り組む姿勢がある程度決まる
　○受け身になったりする
　○お客さん（見ているだけの人）になったりする

そのため

選び方が平等であることは、メンバー1人ひとりが自主的に
意欲的に参加するのに重要
選び方の基準が明確かつ平等であることを示すのは難しいため、
参加を全員に呼びかける立候補制とする

これにより

参加機会を 平等に	オープンな 手続きに

「不」を吐き出しやすい
チームをつくる

　重要なことは、「不」を吐き出しやすいチーム構成にすることです。それ
は、「不」を吐き出しても安全・安心と思える場をつくることです。

　人数が多いと発言せずに、聞いている時間が長くなります。見ている人（お
客さん）も現れます。少ないと他の人からの刺激が少ないため、多様な「不」
が現れにくくなります。そこで、人数は多くのブレーンストーミングと同じく
7人前後が望ましいです。

■利害関係の強い方や相性の良くない人は別のチームにする

　たとえば、上司と部下の関係がこれに相当します。上司がいるところでは、
上司のマネジメントに関する「不」は吐き出しにくくなります。

　また、普段から関係が良くない"当事者同士"は同じチームにはしません。
ある吐き出しの例ですが、普段から品質が良くないことについて、組立工程と
品証工程間のすれ違いの議論が続いていました。吐き出しでは、お互いに仕組
みや行為の「不」を出し合い、ちょっとしたバトル状態となりました。この状
態では、他のメンバーの吐き出しが弱くなります。自分に火の粉が降りかから
ないような発言に終始するため、安全で安心な場からは遠ざかってしまった
のです。

　また、現場と社長がどんなに近い関係であっても利害関係は生じるため、社
長は参加しないようにした方がいいでしょう。

■吐き出しやすいチーム構成とは

　原則、年齢や経験年数の近い人が同じチームになるように配置します。「不」
への関心や感性が近いことから、相互に刺激し合うことが多くなるためです。
これにより、「不」を深く掘り下げられるようになります。たとえ「不」がず
れていた場合でも教えてもらえ、受け入れやすくなります。

　中途採用で、年齢は上でも経験年数の短い人については、若手グループか年
齢が上のグループに配置するかで戸惑う場合があるかもしれません。その場
合、この人がどちらのグループに入る方が吐き出ししやすいかを考えて決めま

社長など経営トップは吐き出しに参加しない

1. 社長は、社員の前では話好きであること、社長が話をすると他のメンバーは聞き役になる

2. 社長の前では、直属の上司に対するマネジメント上の「不」は出しくにい

　　社長、専務と工場作業者で5〜6人という会社の事例です。

　　社長、専務いずれも現場とのコミュニケーションが密で、近い関係を築いていると聞いていました。そのため、社長含む全員でワイガヤを行いましたが、結果として低調でした。

　　普段から何でも話しているため、なごやかな雰囲気はありました。ところが、「不」の件数は少なく、その内容も表面的なものばかりだったのです。仲良し的な吐き出しが多く、問題の核心となりそうな「不」はほとんどありませんでした。

　　さらに「不」の共有時に、社長が割って入ることが多かったのが印象的です。発言時間の平等のルールはありますが、社長は例外の雰囲気でした。社長が話をしている間は、他の方は聞き役でした。聞き役の間が長くなると思考が止まり、吐き出しが弱くなるのですが、この状態が長続きしていたのでした。

　　以降、他の会社を含め、経営トップにはワイガヤへの参加をご遠慮いただくことにしました。

す。さらに「不」の視点を多様にするため、原則、営業や事務など他部署の人にも参加してもらいます。他部署の人の場合は、立候補制でも任命でもどちらでも構いません。選抜により不平等を感じるようなことは少ないからです。

■ カイゼン活動に否定的な考えの人にも入ってもらう

多様な「不」が吐き出されるよう、現状に対して肯定的な人ばかりを集めるのではなく、否定的な人にも入ってもらうようにします。

否定的な人は、問題意識が高いからです。そして、カイゼン活動に前向きになってもらえれば強力な戦力になります。また、仲良しグループの集まりではなく、公平に広く集めていることを対外的に示します。それが、全員活動につながります。

■ ワイガヤの進行役の決め方

カイゼンリーダー自身が行う場合と、それ以外の人を決めて行う場合とがあります。結論から言うと、「不」の吐き出し件数が多く、その内容が幅広くなると思われる人を優先します。発言者の立場で共感でき、コミュニケーション能力が高い人が適任です。具体的には、現場が「不」を吐き出しても安全と思えるか、多くの「不」を吐き出せるようサポートができるかで決めます。

カイゼンリーダー自身が、チームのメンバーと利害関係が強いようでしたら他の人に任せるのも検討すべきです。また、今後のカイゼン活動でキーパーソンになってほしい人に、育成の観点から進行役を頼んでもいいでしょう。若手を抜擢するのも良策です。

一方、社長や専務など経営トップは、直接的な利害関係はなくても進行役には適しません。たとえば、工場長に対する「不」があった場合、現場の中には社長に対して吐き出しすると、「後で工場長から何か言われそう…」などと考える人もいます。

つまり、「不」を吐き出しても安全と思えないからです。たとえ犯人探しをしないというルールがあってもです。経営者に頼む場合は、総務部長など事務方のトップに依頼することを勧めます。

> **One Point** 吐き出し件数かが多く、幅広くなるチーム構成にする

1. 進行役の役割

○「不」の吐き出しをしやすい場をつくること

○そして広く、深く吐き出してもらえるように促すこと

> 「不」を吐き出しやすい場とは、安全で安心な場、自由で平等な場のこと。そのためには、ワイガヤのルールを守ってもらうように促す。ルールの番人になるのではなく、ルールを守ると心地いいことを勧める

2. 進行役の決め方

> この人が進行役を務めたら「不」の吐き出し件数が多くなり、内容も幅広くなりそう、と思われる人を選ぶ
> ワイガヤの場づくりが得意そうで、発言を引き出すのが上手そうな人が候補になる
> 必ずしも現場を知っていなくても、場づくりができる人、コミュニケーション能力が高い人の方が適任
> 総務部長にお願いするのも手である

> 若手を抜擢するなど、カイゼン活動でキーパーソンになってほしい人に任せるのも妙案
> 進行役を務めると、現場のそれぞれの考え方や感じ方が見えてきて、それがカイゼン活動に必ず活かされる

5-4 ワイガヤの準備をする

　ワイガヤのチーム構成と進行役が決まったら、ワイガヤの準備を始めます。カイゼン活動は、初回に活動全体の流れがつくり出されます。初回はカイゼン活動の成否を左右する大事な機会です。多くのリーダーが緊張感を持って臨む日であり、最もワクワクする日でもあります。

　ワイガヤの準備には、ハード面とソフト面の両方があります。

■ 部屋と道具を準備する

　まず、「不」の吐き出しに集中できる環境をつくります。そのためには、電話から隔離します。できれば、外部の会議室などを確保することが望ましいです。公民館などの自治体の施設でもいいです。

　また、安全で安心な場、自由で平等な場をつくります。社内の一区画をパーテーションで区切っただけのスペースや作業音が常に響く場所だと落ち着かなくなります。また声が漏れると、思い切った発言もしにくくなります。静かに落ち着いて「不」を吐き出せる部屋として、防音の効いた部屋を確保します。

　次に、ポストイット、サインペン、模造紙を用意します。

　「不」は、1件1枚ずつポストイットに書き出します。そして、「不」を共有するときに模造紙に貼ります。その後、スマートフォンなどで撮影して保管するようにしましょう。

　そのため、ポストイットは75mm×75mmのものを、写真から文字を読み取りやすいようにボールペンではなくサインペンを用います。また、模造紙を広げられるサイズのテーブルと椅子も用意します。

■ ワイガヤのルールを伝える

　ワイガヤの部屋に「不」の吐き出しのメンバーが集まったら、最初にワイガヤのルールを伝えます。覚えていてもらえるよう、プリントアウトしたものを渡すとなおよいです。その後に、アイスブレイクという大事なステージに進みます。これは、「不」の吐き出しに入る直前に行います。

　ワイガヤでは、部署や工程を超えた人に集まってもらいます。最初は、ぎこ

ワイガヤの準備で気をつけること

カイゼン活動は、初回に活動全体の流れがつくり出される
　○初回が上手く行けば、メンバーはカイゼン活動に興味を持つ
　　「何か変わりそう」という期待感も表れる
　○逆に、いつもと同じミーティングになれば、「何も変わらない」
　　だろうという印象を植えつける
だから、初回のワイガヤはカイゼン活動で最も重要！

 準備の狙いは

非日常空間をつくる
さらに「変わりそう」いう期待感までつくり上げる

 ハード面で
重要なことは

 ソフト面で
重要なことは

ミーティング環境

ワイガヤでは考えることを重視するため、落ち着いて脳が働きやすい環境をつくる。その意味では部屋が最も重要で、防音環境と電話がつながらない環境を重視しよう

ワイガヤルール

ルール1から8を伝え、雰囲気が変わりそうという印象を持ってもらう

工場の横で行い、作業音が鳴り響いたりメンバーが何度か電話で呼び出されたりしたことで、「不」の吐き出しも必然的に弱くなった

ちない雰囲気が否めません。そこでミーティングを始める前に、アイスブレイクと呼ばれる雰囲気を和ませる時間をとります。なお、メンバー同士に顔見知りが多い場合でも、非日常の場を演出するため相互理解を深める目的で行います。

■ アイスブレイクの実施

アイスブレイクには、「自己紹介系」「ミニゲーム系」「体を動かす系」などいくつかの種類があります。カイゼン活動のワイガヤの場合は相互理解を深めるため、自己紹介系を採用します。具体的には、以下について紹介してもらいます。

名前に加え、①勤続年数または経験年数、②担当業務ではなく、実際に行っている業務や経験のある業務、③最近のマイブーム、などです。

①勤続年数や経験年数を紹介してもらう

「不」を"考えて"吐き出すときの基準になります。ベテランは経験や知識をそのまま吐き出すのではなく、一段深掘りしてもらいます。新人は内容が薄くても、考えて吐き出してくれればいいのです。その目安にします。

②担当業務ではなく、実際に行っている業務などを紹介してもらう

ワイガヤでは、担当外のことでも、自分のことのように発言していいルールがあります。そのため、実際に行っている業務など事前にメンバーで共有しておきます。

③最近のマイブームを紹介してもらう

最近ハマっているお菓子やテレビ番組、レストラン、散歩、子育て、介護、庭いじりなどどんな話題でもいいです。自分が、休日や定時後にどんなことをしているのかを差し障りのない範囲で共有します。普段一緒に働いていても、マイブームを紹介し始めますとお互いに発見があります。相互に自己開示することになり、メンバー間の距離も縮まるようです。これにより、仲間意識に近いものが芽生え始めます。

このようにアイスブレイクは、仲間意識づくり、安全で安心な場づくりのきっかけになります。

One Point ミーティング環境、ワイガヤルール、アイスブレイクで
非日常空間をつくる

マイブームの紹介の後には、深掘りの質問をする

進行役は、マイブームをイメージしやすいよう、アイスブレイクの前にマイブームを例示。さらにメンバーにイメージがつきやすいように、最初に自己紹介をする

次に、メンバーには、差し障りのない範囲で吐き出してもらう。私の経験から、これまでマイブームを話すことについて嫌がる人は見かけず、みなさん生き生きと話してくれていた

進行役は
深掘りの質問を続けよう

たとえば、「最近のマイブームは、YouTube で旅行の動画を見ることです」という紹介に対し、「それは国内ですか、海外ですか？」とたたみかける

深掘りの質問の狙い

「不」の吐き出しの後には、みんなで共有して深掘りする。進行役は、深掘りの場面で「その『不』はどのような場面でありましたか？」というように聞いていきます。マイブームでの深掘りは、メンバーに "この後、質問するよ" という感覚を持ってもらうために行う。さらに、進行役も質問するときの間合いを感じるようにするとよい。ここでの間合いとは、1 人ひとりワイガヤに前向きかどうか、口が重そうかなどを確かめることである

カイゼンの達人

5-5 個々の「不」を吐き出す

　アイスブレイクが終わったら、個々の「不」の吐き出しに入ります。「不」の吐き出しは、最初は独りで行います。次に、自分の「不」を発表する中で、進行役などからの問い掛けに応じて掘り下げます。

■ 「不」を自分で吐き出す

　「不」1件に対し、ポストイット1枚に書き出してもらいます。個人での吐き出し時間は、実質12～13分になります。

　進行役は、メンバーに対して制限時間が10分間であることを伝えます。長すぎると間延びする人が出る一方、短かいと「不」の吐き出しが表面的で終わってしまいます。

　吐き出しの最初は、せきを切ったように書き出す人、ペンが動かない人の大きく2つに分かれます。進行役は、最初はペンが動いている人の環境づくりに気を配ります。ペンが動かない人は、周囲の動向が気になります。そして話をしたくなるのです。そのため、ペンが動かない人には、落ち着いてじっくり考えてもらうように促しましょう。

　次に、ペンの動いている人が一段落し、手が止まり始めます。そうすると、隣の人の「不」を見てもいいと指示を出します。最初から手が止まっている人も、これで刺激を受けます。もちろん、全体的にペンが止まっていないときは、この指示は出しません。

　吐き出しの終盤になったら、吐き出しの標準枚数を伝えます。私の経験上、1分1枚が標準です。したがって、「1人10枚くらいが目安です」と伝えます。それを受けて、締切効果により集中力が高まる人が出てきます。

　それまで、書き出し枚数が少ない人は、エンジンをかけ始めます。カイゼン課題の核心に近い「不」が吐き出されるのもこの時間帯が多いです。さらに、終了1分前には、「あと1分」と伝えます。多くの場合、この状態で終了時間になります。このとき、ペンが動いている人がいれば、区切るのはもったいないためそのまま2～3分やり過ごします。あるいは、時間延長を伝えます。

「不」の吐き出しは2つのステップで行う

ステップ1：
個々に「不」を吐き出す

A さんの「不」

B さんの「不」

A さんの発表のとき、
他の人で同じ「不」が
あれば出してもらう

ステップ2：
チームでの「不」の共有

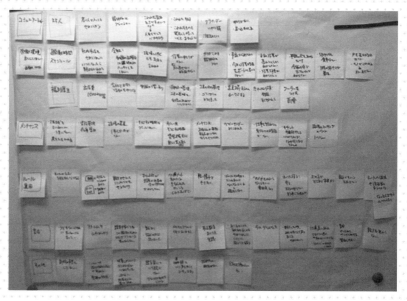

■核心に迫る「不」を吐き出してもらう

　この「不」の多くは、現場にとって「触れてはいけないもの」とのイメージがあるようです。しかし、そのほとんどはどこの工場にもあるものばかりです。そのため、「仲間や工場、会社のために、言いづらいようなことを突っ込んで吐き出してほしい」「それが、会社が良くなることにつながるので、勇気を出して発言を」と伝えます。そうすると、いくつか核心に近いものが吐き出されてきます。

　個別の「不」の吐き出しが終わったら、これらを発表します。1人ずつ「不」を発表しながら、みんなで共有します。この発表に対し、進行役や他のメンバーから具体的な事例を教えてほしいなどの問い掛けがあります。それをキッカケに、さらに「不」を掘り下げます。

■1人ずつ順番に「不」を発表してもらう

　上述した「不」の発表は、ポストイット1枚ずつ、声に出して読んでもらいます。このとき、日本語として意味を読み取れないものが出てきます。その場合は、話し言葉に置き換えて言い直してもらいます。

　進行役は、発表された「不」に対し、内容が抽象的であれば具体的な事実を聞いて、掘り下げます。「その『不』を感じたとき、どのような事実がありましたか？」というように誘導するのです。

　たとえば、「作業が多く、忙しい」という「不」に対しては、「忙しくしているのは、どの作業ですか？」と聞きます。「塗装工程です」との回答があれば、さらに「塗装工程のどの作業ですか？」と掘り下げます。このように、具体的な事実をどんどん掘り下げていきます。

　そして、発表者が言った内容を、進行役がポストイットに書き留めます。このときも「不」1件に対し、ポストイット1枚で書きます。

　現場には、自ら「不」を書き出すことは苦手でも、言葉で吐き出すことはできることがほとんどです。また"誰が"発言したかは言わないというルールがあっても、筆跡を見ればわかることで、「不」の吐き出しに戸惑う人もいます。そこで進行役が書き取り、「不」を掘り下げていくのです。

 核心に迫る「不」は言葉で吐き出される
それを受けて、裏づける事実を掘り下げる

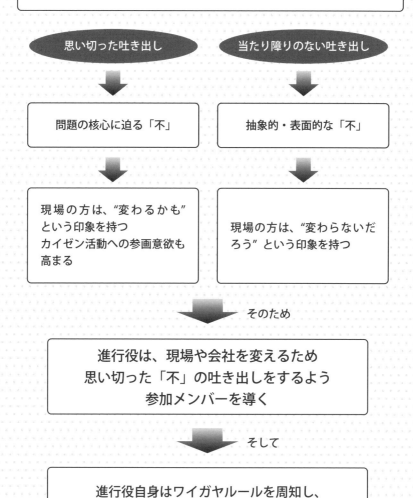

思い切った吐き出しが現場を変える

ワイガヤでは、思い切った吐き出しから問題の本質が見えてくる

思い切った吐き出し

当たり障りのない吐き出し

問題の核心に迫る「不」

抽象的・表面的な「不」

現場の方は、"変わるかも"
という印象を持つ
カイゼン活動への参画意欲も
高まる

現場の方は、"変わらないだ
ろう" という印象を持つ

そのため

進行役は、現場や会社を変えるため
思い切った「不」の吐き出しをするよう
参加メンバーを導く

そして

進行役自身はワイガヤルールを周知し、
安全・安心な場、自由で平等な場づくりに徹する

5-6 チームで「不」を共有する

　チームで「不」を発表すると、仲間意識が生まれ始めます。自分と同じ「不」を他の人も吐き出していれば、共感が生まれます。一方で、「不」のネガティブな感情が高まることも懸念されます。進行役は、メンバーが感情優位にならないよう、客観的で中立的な立場に徹します。実際には、行為や仕組みなどの事実の掘り下げを淡々と行います。

　以下に、チームで「不」を深掘りする手順を示します。

■ 同じ「不」があったらその場でポストイットを出す

　前項の「自分の『不』の発表」と同時に行います。他のメンバーの「不」の発表の中に、自分と同じ「不」は必ずと言っていいほど含まれます。この場合、自分のポストイットをその場で出してもらいます。つまり、自分の順番が回ってくる前に出してもらうのです。

　これを受けて、進行役は順番でないメンバーから出された「不」についても、抽象的であれば掘り下げます。「不」を裏づける具体的な事実なども聞いていきます。同じ「不」が5人いれば、その5人に対して順次、掘り下げます。同じ「不」であっても、その原因となる具体的な事実が異なることもあるからです。

　複数のメンバーから出される「不」は、メンバー全体でも関心が高いものです。そのため次第に盛り上がってきます。少し行きすぎて炎上のようになることもあります。炎上状態になると、話が止まらない人も現れます。

　このとき、ワイガヤのルール"発言時間の平等"を改めて伝えます。言いたいことがたくさんあることはわかります。しかし、他の人と発言時間が平等になるよう、要約して話してもらうようにするのです。

　感情的な高ぶりが出てきた場合、話が冗長になる傾向にあり、要約して話すことを徹底します。また、感情で「不」を表現するのではなく、具体的な事実で表現してもらうようにします。このように促すことで、クールダウンにつながることもあります。ここが、飲み会でのおしゃべりとは異なる点です。

「不」を共有して炎上しそうになったときの対応

1. 進行役は、事実の把握と掘り下げを淡々と行う

「不」は仕組みや行為で表すと規定してきたものの、どうしても感情の部分が入り込んできて、特定の人の局面で炎上することがある。そのときは、原因となった行為や仕組みを吐き出してもらうことで対処する

 避けた方がよいことは

どちらかの立場になって同調したり共感することはNG
進行役は中立的な立場を貫き、淡々と事実把握を進める

2. 役職者の「不」で炎上しそうになった場合、役職者が言った「セリフ」とそのときの状況を聴取

ある工場で、工場長に対し「言葉使いがきつい」「工場の雰囲気が悪くなる」「捨てゼリフがある」という「不」で炎上していた。このとき、この言葉が発せられた状況と具体的な"セリフ"を挙げてもらった

 なぜなら

この「不」を聞いただけでは、工場長は行動を直せない

状況とセリフがわかると、自分を振り返り、次に活かすことができる
「不」の掘り下げは工場長にとっても必要な作業

 そして

工場長自身も、自分に対する「不」を直したいと思っている
後に工場長からは自らを直すためのアドバイスを求められることもある

■「不」をグループ分けする

　進行役は、複数の類似した「不」に対し、表題をつけてグループ分けをします。グループ分けでは、以下に気をつけます。

　①コミュニケーションに関する表題は必ず入れる

　コミュニケーションの「不」が、後に行う現状分析の基準になります。

　②個人に関する「不」と集団に関する「不」を分ける

　「休みがない」「給料を上げてほしい」などは、個人に関する「不」です。「工程でのトラブル情報が伝わらない」「指示の仕方が人により異なる」「工場長に言いたいことが言えない」は集団に関する「不」です。

■発表が終わったら重要な「不」を1つ挙げてもらう

　「不」を掘り下げ"考えてもらう"ために、「不」の発表の最後に重要な「不」を選んでもらいます。

　進行役は発表者に対し、自分が挙げた「不」の中から、この「不」が解消されたら最も工場は変わる（良くなる）と実感できるものを1つ選んでください」と問い掛けます。それを受けて、発表者に選んでもらうのです。その「不」（ポストイット）に◎印をつけます。

　自分で書いた「不」の中に、印をつけるものがない場合もあります。その場合は、その場で考えてもらいます。あるいは、他の人の「不」の中から選んでもらってもよいです。

　この最も重要な「不」を1つ選ぶという作業が、発表者にとってドキッとする瞬間です。自分の「不」の吐き出しが核心に迫っているかについて、自分で気づくからです。核心に迫っている「不」がないと思われる場合、自ら考えようとします。"考える"カイゼン活動のきっかけにもなります。

　進行役は、選ぶ時間を注視します。スパッと選べる人が多いときは、「不」の吐き出しが上手くいっている証拠です。一方、最重要な「不」を選ぶのに苦労している人が多い、あるいは選べない人が多いときは、吐き出しが表面的になっていると言えます。

One Point 同じ「不」での掘り下げ、「不」のグループ分け、重要な「不」の選択で核となる「不」に迫る

分類	主な「不」または関心事
コミュニケーション	○伝えることの"理由"を伝える習慣がない。目的を伝えていない ○社内クレーム、支援の要否などの情報が共有されていない ○丸投げ業務が多い 　例. トップからリーダーへの丸投げ、リーダーから現場への丸投げ ○コミュニケーションが足りない。一言かけるだけで、クレームやトラブルが防げたという事例がある
リーダーシップ	○会議で決めたことがトップの一言で変わる。方針がすぐ変わる ○現場の人が大切にされているのか疑問に思う ○トップの想いや価値観がちぐはぐ。トップの言葉に、本音と建て前があることがすぐにわかる ○トップのダメ出しが多く、気持ちが沈む。それを思うと朝、元気よく出社できない
自工程管理	○何でも人のせいにしないでほしい。自分都合で言うことが多い ○自己防衛、良く思われたい意識から謝らない雰囲気がある ○トップが他責のところがあり、上司や部下も他責になっている ○自分でつくったものにもう少し責任を持つ。もう少し他工程が何をしているのか気にして仕事をする ○自分の言ったことは最後までやり続ける
チームマネジメント	○間違うと「ルールだ」と言われる。ルールが多く、覚えられない。ルールを守れないのではなく、ルール自体がわからない ○新しいことを始めるときはいつも見切り発車 ○問題が起きる→報告・提案すればするほど仕事が増える→問題を見て見ない振りをする→問題に対する具体的なアクションが起きない
待遇	○休日が不規則。長い連休がとれない ○給与が低い。がんばっても上がらない

集団に関する「不」

個人に関する「不」

＊これらは、多くの事例から思い切った「不」を集めたもの

　「不」の吐き出しは、目の前の「不」に集中するため視野が狭くなってきます。「不」を整理すると、全体の傾向が見えてきます。参加メンバーの視野を広くとり、全体視点から改めて「不」を深掘りします。

■ 「不」の分類を見直す

　「不」の共有が一通り終わったら、進行役が行った「不」の分類をメンバーみんなで見直しします。このとき、進行役がポストイットに書き取ったものも分類に入れます。

　表題のつけ方は、MECE（ミーシー）と呼ばれる概念に基づき、「漏れなく、ダブりなく」するのが原則です。実際には、複数の表題にまたがる「不」も出てきます。厳密に分けることは難しいです。このため、メンバーみんなが「大きな違和感はない」と思えるようならヨシとします。ここはあまり時間をかけずに次に進んでください。

　分類でつけた表題ごとに、ポストイットの枚数を数えます。そして、枚数の多い表題から番号をつけていきます。表題のつけ方によって、この順序は変わります。そのためざっくりした傾向になりますが、傾向は把握できます。

■ 進行役は、枚数の多い表題から順番に「不」を読み上げる

　参加者が感じている「不」の傾向と、表題枚数順の「不」の傾向に違和感がないかを確認します。違和感がある場合は、表題のつけ方がマッチしていないことが考えられます。その場合、表題を見直します。

　たとえば表題の中で、"業務負荷" という「不」の件数が最も多かったとします。このとき、業務負荷の「不」が解消されれば、工場は良くなるだろうか、働きやすくなるだろうか、収益が高まるだろうかと考えます。肌感覚として良くなりそうなら、表題のつけ方と「不」の吐き出しは上手くいっていると言えます。

　また、"業務負荷" が最大の「不」であるかを確認します。他の分類と比較し、"業務負荷" が最上位であるか、各メンバーに聞きます。

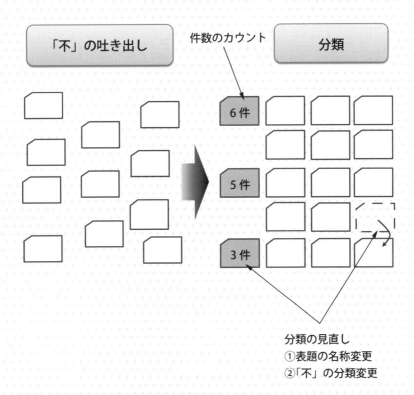

漏れなく、ダブりなく厳密に分類することは難しい点もある
メンバーみんなが「大きな違和感はない」と思えるようなら
ヨシとしよう

カイゼンの達人

■マクロ的な分析から「不」を吐き出す

そして、メンバーにこの「不」の集計を俯瞰的に見てもらいます。この傾向から工場の「不」はどのようになっているかを、1人ずつ聞いていくのです。回答があまりないような場合、進行役は仕掛けを行います。

進行役やカイゼンリーダーは、現場の「不」をある程度つかんでいます。あるいは、カイゼン活動で解消したい「不」のイメージがあります。このリーダーたちの想定している「不」を軸に、メンバーに対してその「不」が多い、あるいは少ない理由を聞くのです。

多くのカイゼン活動では、課題をトップダウンで決めます。本書ではボトムアップで決めることを勧めています。そのとき、トップダウンとボトムアップのすり合わせをします。トップダウンに基づいてリーダーが想定した「不」を現場に投げ掛け、その反応で課題を絞り込んでいくのです。

このすり合わせの過程で、リーダーの想定している「不」と現場の認識のギャップを把握します。もちろん、リーダーと現場の認識が一致している場合はそのまま進めます。

一致していないときは、経営トップの認識をメンバーに伝え、「不」の傾向が異なる理由をメンバー1人ひとりに聞いていきます。「経営者は、"作業改善"が最重要と考えているようです。みなさんは"コミュニケーション"が最も多いです。どちらから進めるといいでしょうか？」「この違いはどこから生まれたと思いますか？」というように聞いていくのです。

■ミクロ的な分析から「不」を吐き出す

件数の多い「不」、リーダーが想定している「不」を重点に分析します。たとえば、"コミュニケーション"という表題の「不」の件数が最も多かったとします。コミュニケーションと言ってもさまざまで、その中のどの「不」が多かったかを分析します。そして、核心に近い「不」を選び出し、その原因となっている事実をさらに挙げ、深掘りを進めていくのです。このマクロおよびミクロ的な分析からの深掘りにおいても、発言時間・発言回数の平等のルールを守ることは必須です。

 One Point 「不」をマクロ的な視点で整理し、現場の肌感覚との整合をとる

「不」の分析はメンバーに回答してもらうことで行う

たとえば、リーダーが想定しているカイゼン課題が工具や道具に関するものだったとする。そして、工具や設備に関する「不」より、コミュニケーションに関する「不」の方が多かったとしよう

 これを受けて

「どうしてコミュニケーションの「不」の方が多いと思うか？」
などと聞いた上で、さらに、
「モノを購入するより、コミュニケーションをカイゼンした方が
工場の「不」は解消されそうか？」
「それに対して違和感があるか、あるとすれば、どのような違和感か」
と続けて聞いていく

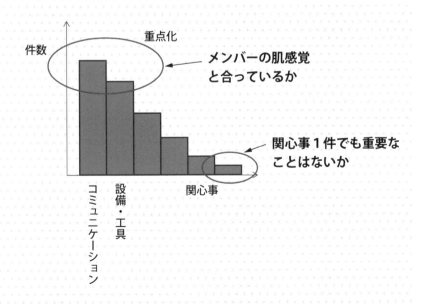

5-8 「不」の解消のために できることを挙げる

　「不」の吐き出し、「不」の分析が終わりました。次は、「不」を解消するためのアクション案を挙げることになります。具体的には、「自分たちでできること」「他へお願いしたいこと」の2つに分けて、メンバーでアイデア出しをしてもらいます。

■「他へお願いしたいこと」を出してもらう

　会社へお願いしたいこと、上司へお願いしたいこと、他部署へお願いしたいこと、またはお客様にお願いしたいことなどを出してもらいます。多くの場合たくさん出てきます。多く出されますので、ここのワイガヤも非常に盛り上がります。

■「自分たちでできること」を出してもらう

　一方、自分たちでできることには制限があります。時間的な制限、予算的な制限、人的な制限などたくさんあります。また、上司より権限も小さいです。

　自分でやることには責任が生じます。一般的に、他者へお願いしたいことはたくさんあっても、自分で行うことは少なくなる傾向にあります。この場面では吐き出し件数も少なく、場の空気は重くなります。

　そこで、1人ひとり順番に、自分たちでできることを発言してもらいます。このワイガヤのメンバーには製造だけでなく、営業や事務部門の人も参加していれば同様に発言してもらいます。

　ここの吐き出しでは、条件を出します。「ヒト、モノ、カネを使わず、さらには、精神論も持ち出さずにできることを考えてください」と伝えます。中には顔を真っ赤にして、声を大きくされる人も出てきます。

　こうなると、「人を増やす」「設備を買う」「残業をする」「自分たちががんばる」「気をつけるようにする」などはすべてNGです。どうしてこのように投げ掛けるのでしょうか。ヒト、モノ、カネを使うアイデア、精神論を持ち出すアイデアは思考停止状態になります。そこで、考えるというトレーニングを積んでもらうためこのように伝えます。

「自らできること」の吐き出しの注意点

「自らできること」「他にお願いしたいこと」

他（会社、上司など）にお願いしたいこと

ヒト、モノ、カネ
を使わず

自らできること

精神論を
持ち出さず

多くの場合、自らできることは少ない

しかし

自分たちの頭で考えたこと、
自分たちの言葉で語ったこと
であればヨシとする

なぜなら

自分で言ったことは前向きになる
一方、上から言われたことは受け身になる

したがって

カイゼンは加速する

では、実際にどうするのでしょうか。知恵を使います。たとえば、仕組みを変える、コミュニケーションを変える、見えるようにするなどです。

■ 発言回数・発言時間の平等を守ってもらう

「不」と関係の薄い人ほど、積極的な意見を出すことがあります。また、若い人は自分の頭で考えるようになります。そして、自分で行動することを考えるようになります。

一方、ベテランほどこの場面では口が重くなります。背負うものが大きいことがあるのでしょう。しかし、発言時間の平等のルールを示すと、ベテランも何か発言しようと行動に現れます。結果として自分たちでできることは2つ、3つしか挙がらないこともあります。でも、これでいいのです。

カイゼン活動は、小さなカイゼンの積み重ねです。小さなカイゼンは小さなアイデアから始まります。そのアイデアは、「自分たちができること」の積み重ねです。そして、自分たちでできることは、小さな成功体験を積み上げていく中で、大きくなっていくものです。

■ 自らできることを "考え"→"言葉にし"→"やる"

進行役やカイゼンリーダーが、「自分たちでできること」と「他へお願いしたいこと」の2つを比較すると、前者は小さなこと、後者は大きなことに見えるでしょう。「他へお願いしたいことばかりで、自分たちでできることはささいなことばかり。現場は依存的だ」というふうに見えるかもしれません。

しかしここで、自分たちでできることは、小さなものでもいいととらえてください。ここでは、若手からベテランまで全員が、自分たちでできることを "考えた" ということに価値があります。そして、最も重要なのは、自分たちで考えたことを "やる" ということです。

トップダウンで言われたことを "やる" こととは別の価値があります。

最も大切なことは、自らできることを "考え"、"言葉にし"、"やる" ことです。自立的で創造的な活動が始まります。どんな小さなことでも構いません。それができると、カイゼン活動への新たなエネルギーが生まれます。

> **One Point** ヒト、モノ、カネを使わず、精神論を持ち出さず
> 自らできることを考える

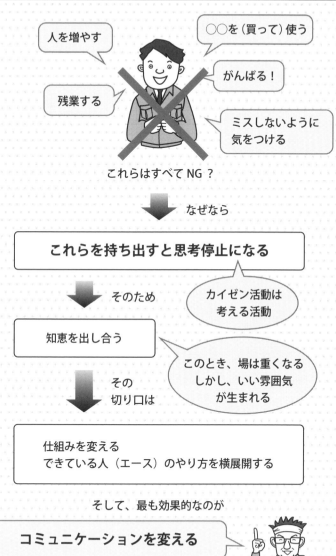

「不」の吐き出しでいつも感じる
"表現の自由"

　私は、旧司法試験を目指していたことがあります。そこで知り合った受験仲間と、ある日飲み会を開きました。

　その頃、私たちは憲法を学び終えた直後でしたが、資格試験を受験をしようという種の人たちは、学んだばかりのことをすぐさま話したり実践しようとしたりする習性があるようです。その飲み会でも、憲法の内容を実践しようという雰囲気が漂い始めました。

　みんなが自由と平等を尊重し合っていました。また、表現の自由についても同様です。そこには、これまで感じたことのない新鮮な心地良さがありました。何を話しても、安全・安心と感じ取れました。

　その後、私はコンサルタントとして独立し、あるときカイゼン活動のワイガヤに憲法の考え方を活かせるのではないかと考えたのです。ワイガヤルール（第4章で紹介した9つのルール）を体系化するのに、憲法からいくつかヒントを得ています。

　コンサルの現場では、「ウチの会社のメンバーはおとなしいから、『不』の吐き出しをやっても出てくるかな…」というような心配事をよく耳にします。しかし、ワイガヤで自由で平等な場、安全で安心な場を用意すると、たいていは快く吐き出しに応じてくれます。

　そのとき、いつも感じることがあります。憲法21条1項の"表現の自由"は、人が持って生まれた欲求のなのではないかということです。「不」を吐き出す自由を保障できれば、現場も変わるのではないでしょうか。

第 **6** 章

最初の成功体験をつくる

カイゼン活動のエネルギーを
大きくする

・・・・・・・・・・・・・・・・・・・・・・・・・・・・

　「不」の吐き出しで、カイゼン活動に好奇心や興味を持ってもらえたら、すぐ行動に移します。課題は、身近な「不」の解消につながり、かつボトルネックの解消につながるものから選ぶとよいでしょう。そして、課題はベビーステップで解消に向けて進めます。

　一方、経営者も、現場の身近な「不」の解消につながるものにすぐに取り組みます。たとえば、経営者がすぐにできることには、現場に声掛けすることなどもあります。現場はトップに声をかけられると、気持ちに和らぎが生じるものです。ちょっとした承認欲求も満たされます。そのような、ちっちゃな取り組みでいいのです。

　こうしたちっちゃな「不」の解消に、現場と経営者がすぐに取り組み、最初の成功体験をつくることが後の大きな成果獲得の早道となります。

6-1 カイゼン活動は ベビーステップで始める

　最初の成功体験をつくるにはどうしたらいいでしょうか。理想は小さなカイゼンに取り組み、小さな「不」を解消することです。さらに小さな“成功体験”として、メンバー全員が効果を感じ取れていることです。そのポイントを以下の通りです。

■ ビッグステップの考え方

　ベビーステップで進める場合、トップや部課長職の中には「今回できた内容は、求めているレベルにまだ到達していない。そんな小さなことでできたと思われると、現場は油断する。成功と呼べる段階ではない」と口にする人は少なくありません。成長するためには高い目標を掲げ、達成したときに初めて成功体験として認めるものと考えています。

　また、意識高い系の人や控えめな人などは、ベビーステップを達成しても恥ずかしくて成功とは言えないと感じるようです。これらは、ビッグステップの考え方です。

■ ベビーステップの考え方

　小さなカイゼンは、誰でもできるものです。一方、体験のコアとなったスキルや特徴を見つけること、なぜカイゼンできたのかを掘り下げること、そして達成感を得ることまでは達していないようです。ここまでできると、ベビーステップでも成功体験を感じられます。

■ ベビーステップで取り組み、成功分析を深掘りする

　ある工場の例で、現場が自立的に動き、それが継続しているところがありました。外から見ると、ムダが少なく、洗練されているようでした。

　そこで、カイゼンリーダーに活動が上手く進んでいる理由を聞きました。そうすると、「自分たちは、大したことはしていない。小さなことをコツコツしているだけ」と回答を得たのです。ベビーステップで進めているため、1つひとつの取り組みで大きなことはやっていないという認識でした。しかし、ベ

ある工場では在庫保管棚が整理されていなかったことで、作業者から「部品を取り出すのに時間がかかる。そのときはちょっとイライラした気持ちになる」と「不」が吐き出された

そして

作業者は棚のことが気になり、発言をした当日に棚を整理した。これを、次の打合せの際に共有したのである

それを受けて、
カイゼンリーダーの実施策

成功分析の仕掛け

リーダーは「なぜすぐにできたのだろう？」「なぜ、イライラを感じたのだろう？」などと、成功の原因をメンバー全員に掘り下げるよう促した
作業者の着眼点や強みを他のメンバーから出してもらったところ、強みなどを教えてもらった作業者のみならず、教えた他のメンバーにもうれしさのような感覚が生まれた
こうして、整理後の実感をメンバーで共有することができた

その結果

カイゼン活動の小さなエネルギーを獲得
これは立派な成功体験と言っていい

ビーステップの行為自体には手応えを感じている様子でした。

　ベビーステップであってもメンバーで成功原因を深く掘り下げ、結果を全員で共有し、成功分析を深掘りします。そして、仲間でできた体験と分析結果を共有し、実感できればうれしくかつ面白くなります。達成感も得られて成功体験になるのです。

■ 第一歩を踏み出すタイミングで背中を押す

　カイゼン活動に限らず新しいことをする場合、最初の一歩は重く感じるものです。「1を10にするより、0を1にする方が難しい」と言われますが、それに似ています。したがって、最初の一歩を踏み出せるようマインドをセットします。

　1つは、自分が興味のあるものに取り組むことです。カイゼン活動では、身近な「不」の解消に取り組みます。このとき、取り組む「不」は、身近なものであれば何でもいいわけではありません。ボトルネックの解消につながるものを選ぶのです。

　一方、最初の成功体験をつくれていないカイゼンリーダーは、大きな成功を求めています。1つひとつの小さな結果を掘り下げるより、大きな目標に突き進みがちです。そのため、メンバーはある程度大きなことができるまで達成感を得られません。そのうち疲弊してしまいます。あるいは、一歩を踏み出す前に、達成感が得られないことをイメージしています。結局、一歩を踏み出すまでに時間を浪費してしまうのです。

　カイゼン活動では、最初の「不」の吐き出し直後が最もモチベーションが高くなります。新鮮な気持ちもあり、面白そうと思うからでしょう。そして「不」が身近で簡単なものほど、すぐにやりたくなります。「気になっていたので、すぐにやりたい」という気持ちも起こります。

　カイゼンリーダーは、そのタイミングで第一歩を踏み出せるようメンバーの背中を押すのです。そして、小さな成功体験づくりを支援します。カイゼンリーダーは、メンバーの一歩目に集中して寄り添うことを心掛けましょう。

One
Point　振り返りによって、ベビーステップを成功体験にする

ベビーステップで成功体験を感じ取るトレーニング

意識高い系の人や控えめなエースなどからは、ベビーステップで1つ「不」を解消したぐらいでは、恥ずかしくて成功とは言えないと聞く

 では、
成功者と言われる人は

日常のちょっとした出来事の中に幸せを感じ取れる人

 これと似ているが

カイゼン活動が上手く回っている工場では、ベビーステップでもその体験を振り返っている
反対に苦戦している工場では、ベビーステップでは振り返りをほとんどしていない。「こんな小さなことで、なぜ振り返りをするの？」というびっくりしたような反応をされることもしばしば…

 カイゼンリーダーは、

カイゼン活動では、1つ体験した後の振り返りを
繰り返すことが大事

「なぜ、一歩踏み出そうと思ったのか」「なぜ、できたのか」「とまどいはなかったか、あったとすればどのようにして克服したのか」などを細かく問いかけていく

そのようなトレーニングを積み重ねるうちに、
成功体験を感じ取れるようになる

6-2 ボトルネック解消に結びつく 「不」を探し出す

　ボトルネックとは、全体の中で最も時間がかかっている工程のことです。この工程の生産性を高めることで、工程全体の効率が向上します。これによって納期に追われることも減り、残業も減る傾向に転じます。作業者の気持ちに余裕が生まれ、現場の「不」も解消されてくるのです。

　経営的な観点からも、付加価値額（＝営業利益＋固定資産税＋人件費）が向上します。増員もなく、新規の設備投資もなければ、付加価値の増額分はそのまま営業利益につながるわけです。したがって、ボトルネックの解消は優先順位が最も高くなります。カイゼン活動では最初に取り組むべき事項です。

■ ボトルネックの解消を現場に意識づけする

　カイゼン活動では、最初の課題設定は現場メンバーへの意識づけという点でも重要です。メンバーの中にはカイゼン活動において、「この取り組みが工場のためになるかが気になる」という人は一定数います。たとえ自分のためであっても、工場のためになるかどうかは気になるようです。

　ある工場の例ですが、5Sに取り組む一方で、工程間の小さな遅延情報や変更情報が上手く伝わっていませんでした。そして、作業のやり直しや作業待ちが頻繁に起き、残業も増えていたそうです。この状況で5Sに取り組んでも、ボトルネックの解消は難しそうでした。

　工場長は、「5Sは製造の基本。だから最初に取り組む」との方針を強く打ち出しました。現場の多くは、「リーダーは現場のことをわかっていない」と感じています。しかし、工場長からの圧を感じるからやるしかない、とあきらめムードが蔓延していたのです。

　これでは、工場長のための活動になってしまいます。会社のため、すなわちボトルネック解消のための活動としては効果が薄いからです。なお、この5S活動は途中で停止しました。

　カイゼン活動は、「自分のため」であり「会社のため」でもある課題に取り組みます。この課題設定が現場への意識づけになります。

　端的に言えば、「自分のため」の課題とは「不」の解消です。「会社のため」

　ある工場では工程が1階と2階に分かれ、進捗情報やトラブル情報が共有されておらず、そのため残業が発生していた。その結果、子育て中の主婦を中心に、残業の原因になっている「待ち」「伝票説明時間」など「不」が多く出されていた。ワイガヤでは「自分たちでできること」の中で、2つアイデアが出された
　①情報伝達者を1人配置する
　②指示伝票の書式と説明方法を変える
　これらに取り組むことで「不」が削減され、生産性を向上することができた

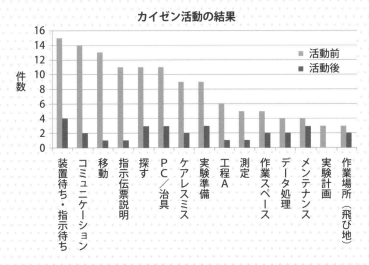

カイゼン活動の結果

	「不」の件数	生産性
活動前	147	約60枚／日
活動後	42	約200枚／日
効果	71%減	約3.3倍

コミュニケーションの
カイゼンだけで3倍以上に!!

の課題はボトルネックの解消です。したがって、この2つを同時に解消できるものを課題にします。

■ 最初のボトルネック探しはざっくりでいい

カイゼン活動の最初に行うボトルネック探しは、"意識づけ"のために行います。そのため、ボトルネック探しはざっくり行います。工程ごとにタイム測定するなど、精密にボトルネックを探す必要はありません。メンバーの多くが、ボトルネックであることを感じ取れる程度でいいのです。

ボトルネックの精度は異なりますが、多くの人はボトルネックを感じ取っています。

客観的には、ボトルネックの前には仕掛品が積み上がっています。また、ボトルネック工程の作業者はいつも忙しくしています。そのため、周囲を見る余裕のない経験が浅い人や飛び地の作業者などを除き、多くの人はボトルネックを感じています。あるいは、先輩から「この製品は〇〇作業がボトルネックだよ」と言われるうちに、肌感覚でわかるようになる若手もいます。

このように、ボトルネックについて多くの作業者は正しく感じています。

■ ボトルネックは「不」の原因になる

「不」を集計するとほとんどの場合、トップ5の「不」にはボトルネックが入ってきます。カイゼンリーダーは、このトップ5の「不」の中から、ボトルネックが原因となっている「不」を探し出します。そして、それを最初のカイゼン課題に設定すればよいのです。

結果として、この課題がトップダウンで設定した課題と同じになることもあります。しかし、現場に「不」を吐き出してもらい、ボトルネック解消につながる課題を選ぶという手順を踏むことに意味があります。その理由は、現場主導でオープンに課題を設定することになるからです。そして、課題に対する現場の理解も深まり、納得しやすくなります。この手順によって現場の当事者意識が高まり、自主性も育ってくるのです。

> **One Point** 工場の多くの人が"ボトルネック"という言葉を使うようになるまで浸透させる

ボトルネックの解消には作業分解シートが効果的

ボトルネック工程

専門性を５段階に分ける

No.	作業内容	使用設備・工具	作業場所 (部屋名、テーブル名等)	急所 (やりやすくするコツ、速くするコツ、品質チェック方法、安全等)	所要時間 (概算可)	専門性 注	現在の 主作業者
	工程名　機械加工				製品名　○○		
1	(記載例)○○カット	横切り盤	Ａ工程	仮組みしてカットする	5分	3	Ｂ作業者
2							
3							
4							
5							
6							
7							
8							
9							
10							
11							
12							
13							
14							
15							
16							
17							
18							
19							
20							

注．専門性・・・1；アルバイトが作業可能、2；一般職人が作業可能、3；熟練職人が作業可能、4；工程専門職人が作業可能、5；高度な専門職人のみ作業可能

専門性ランクの５段階
1；アルバイトが作業可能、2；一般職人が作業可能、3；熟練職人が作業可能、
4；工程専門職人が作業可能、5；高度な専門職人のみ作業可能

 記入後

1. 専門性1，2のものを割り出す
   ボトルネックであってもランク1，2の作業が多い
   ランク1，2の時間割合が6～8割を占めることも
2. ランク1，2のもので、他工程の作業者が支援できるものを選ぶ
3. この作業をカイゼン活動のメンバー全員で支援

「不」を分析する

初回のワイガヤの中で「不」の吐き出しが終わった後に、「不」に表題をつけてポストイットの枚数などを集計しました。初回のワイガヤが終わった後は、その結果を経営トップと共有するために、改めて「不」を分析します。また、カイゼン活動に経営トップを巻き込み、一体となって取り組むことで効果を高めます。

■ 「不」をまとめる

ワイガヤのルールの特徴に、犯人探しをしないことが挙げられます。ポストイットを貼りつけた模造紙を用いてそのままトップに報告すると、筆跡から書いた人がわかることがあります。このルールを守るためにも、記載内容をまとめた方がいいでしょう。もちろんこのルールを守れ、小規模企業などで現場と経営が近く、「不」を見れば誰が書いたか明らかな場合などは、模造紙とポストイットのまま報告しても構いません。

まとめ方は、誰が書いたかわからないように表計算ソフトなどで作成します。もちろん、手元に資料として残したい場合や電子データなどで広く共有したいときにもまとめます。

まとめ方の例として、次ページの下図を紹介します。表題でポストイットの件数の多い順番に並べたり、グラフ化したりします。

■ 「不」を分析する

分析の考え方は、マズローの欲求階層説をベースにします。ここでは、"欲求=「不」を解消したいという思い"と解釈します。

マズローの欲求階層説では、人の欲求は生理的欲求、安全欲求、社会的欲求、自我的欲求、自己実現欲求の5つに分かれます。そして、人の欲求は生理的欲求から順に満たされ、欲求の段階を高めていくというものです。このうち、生理的欲求と安全欲求は個人に関するもの、社会的欲求と自我的欲求は集団に関するものとなります。「不」の分析では、大きくこの枠組みを意識してまとめます。

「不」の吐き出しの分析例

分類	件数	主な「不」または関心事
レイアウト	23	○モノを置く場所に困る ○工具棚の前に人が立っている。取りに行くのを後回しにすることがある
コミュニケーション	15	○至急という言葉が嫌だ（納期を言ってほしい） ○事前に打合せがなく、トップの判断で決まる。工程長が考えて決めてほしい ○指示の仕方が異なる。ルール化されていない ○製造と営業が基本ケンカ腰の関係になっている
役割	13	○工場長、副工場長、工程長の役割があいまい ○上司は管理職になり切れていない ○2，3班のリーダーがいない
リーダーシップ	12	○トップに聞かないとわからない ○外注化の判断基準が見えない。トップの判断があいまい ○目標を達成してもほめられない（ねぎらいがない）
残業	8	○残業をしていないとヒマと思われる ○残業していないとその分仕事が入ってくる

「不」の吐き出しのまとめ

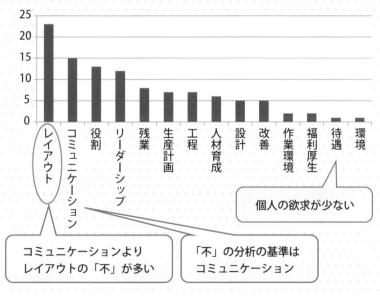

個人の欲求が少ない

コミュニケーションより
レイアウトの「不」が多い

「不」の分析の基準は
コミュニケーション

■ 個人の欲求と集団の欲求

　個人の欲求の例は、賃金や休日、残業、福利厚生などです。集団の欲求の例は、上下関係や他の工程との関係、周りからの評価などです。

　この枠組みで、「不」の集計結果を当てはめます。「不」のトップ3に集団の欲求が多い場合、個人の欲求はある程度満たされていると考えていいでしょう。トップ3に個人的欲求が多い場合、個人の欲求を満たすような「不」の解消を求めていると言えます。

　課題設定時の重要な視点ですが、個に関する「不」が多いのに集団に関する「不」を課題に設定すると、ミスマッチが起こります。現場からは、「リーダーは自分たちのことをわかっていない」という声が上がることもあります。そして、自分たちのためではなく、上から言われたからやる、ととらえるようになるのです。

■ 代表的な「不」の分析例

　①コミュニケーションの「不」を基準にする

　「不」の吐き出しの場合、コミュニケーションで分類される「不」が上位になります。分析するときには、このコミュニケーションを基準に、より上位の「不」はあるか、あるとすれば何か、が分析のポイントになります。その上位の「不」の解消に注目します。

　②給与や休日など福利厚生面での待遇に関する「不」が多い場合

　多くの場合、待遇などに関する「不」は仕事そのものに関する「不」より上位にきません。待遇などの「不」で盛り上がる場合、「特に期待することはないので、給与を上げてほしい」などカイゼンをあきらめかけている場合があります。その原因となっている「不」を深掘りします。そして、現場にカイゼンの火をつけることに注力します。

　③業務多忙、業務負荷の数が多い場合

　この「不」も多く、多忙となっている業務を列挙します。さらにその業務を分解して、原因となっている作業を探し出します。また、作業指示などのコミュニケーションの要素があるかを切り分けます。

> **One Point** コミュニケーションを基準にして
> これより上位の「不」の原因を深掘りする

マズローの欲求段階説と「不」の分類の関係

欲求段階説（マズロー）		代表的な「不」の分類
自己実現欲求	自分の可能性を実現し、チャレンジしたいとする欲求	革新的業務、能力開発
自我的欲求	人々から認められたい、尊敬されたいという欲求	昇進、ポスト
社会的欲求	人々と関係を保ち、かつ認めてもらいたいとする欲求	人間関係
安全欲求	安全ないし安定した状態を求め、危険や恐怖を回避したいとする欲求	雇用環境、労働環境
生理的欲求	人間の生命維持の欲求 衣食住に対する欲求	賃金

集団（自我的欲求・社会的欲求）
個人（安全欲求・生理的欲求）

コミュニケーションの分析の切り口

コミュニケーションは、発信側と受信側双方が関わる。そのため、これを分析する際には両方に焦点を当てて分析する

◆上下間などのタテの関係の場合

「不」の吐き出しでは、現場作業者の声が多くなる。リーダーの声は必然的に見えにくくなるためワイガヤ結果の報告のときなどに直接聞くようにする

◆工程間などのヨコの関係の場合

工程間の場合は、ワイガヤの中で認識の違いを事実ベースで比較する。このとき、どちらかが "良い" "悪い" というような評価は控える

工場と営業のような場合、営業部門の方がワイガヤに参加していれば、その場で事実を挙げてもらう。参加していない場合は、カイゼンリーダーは別途営業部門の担当者と話をして事実をつかむ

6-4 経営トップを巻き込む

　「不」の解消はボトムアップのみならず、トップダウンでも同時に取り組みます。経営トップも一緒に取り組むことで一体感が出てきます。それが、カイゼン活動のエネルギーを生みます。

　「不」の分析が終わり、重点化する課題が見えた段階で経営トップに報告します。そして、大きな枠組みでカイゼン課題の方向性を合わせます。その後、経営トップとの打合せ結果を現場にフィードバックするのです。

■「不」の分析結果などの報告

　「不」の吐き出しに、経営トップは参加していません。そのため、結果が気になる経営トップも多いです。これまで、トップダウンで進めてきた工場では、ボトムアップでどのようなアイデアが生まれてくるか楽しみと感じている経営者もいます。

　経営トップへは、5つ報告します。

　1つめは「不」の分析結果、2つめは自分たちでできること、3つめは他へお願いしたいこと、4つめは最初の取り組み課題（「不」の吐き出しとボトルネックが重複しているもの）を報告します。

　5つめは以下です。吐き出しから報告まで時間がある場合、重要なのはこの5つめの報告です。最初のワイガヤ時に出された、"自分たちでできること"について、すぐできるものは当日にも取り組んでもらっています。5つめはその取り組み結果の報告です。具体的には身近な課題に取り組み、複数人で成功分析して達成感を感じ取れた内容についてです。

　これは、ベビーステップで取り組んだ事実と分析結果、それによる効果を報告することになります。多くの経営者から、ベビーステップで取り組んだ結果を報告されてもピンとこない、という反応が見受けられます。この程度で喜んでもらっては困る、という意味が込められているのかもしれません。

　しかし、現場が自分たちで課題を見つけて取り組んだという事実を、すなわちベビーステップでちっちゃな成功体験を得た内容をきちんと報告するのです。そして、ベビーステップで取り組むことの理解を深めてもらいます。

吐き出し直後は経営トップへ「不」の報告をしない

「不」の吐き出しをすると、その結果が気になる経営トップは多い
そのため、吐き出し直後に報告を求められることはよくある

進行役は

意識しなくても、現場寄りの感情になっている場合が大半。「不」を仕組みや行為で吐き出すルールはあっても、感情の部分も同時に吐き出される。したがって「不」の吐き出しを聞いた直後は、中立的な進行役でもその感情のエネルギーを受け取っていることになる

 そのため

「不」の吐き出し結果をその直後報告すると、進行役の現場寄りの感情をそのまま経営トップに伝えることになりがち

 対策として

経営トップに報告するまでに、進行役も一度感情をリセットすべき。
最低限一晩置いて、経営トップへの「不」の吐き出し報告は翌日以降にするとよい

経営トップへの報告の目的の1つは、経営トップからカイゼン活動の（正の）エネルギーをもらうことにある。「不」に現場の感情を乗せて報告すると、負のエネルギーが返ってくる。そこで正のエネルギーが返ってくるよう、進行役は中立的な立場やニュートラルな感情で報告しよう

カイゼンの達人

■ 自分でできること、他へお願いしたいことの合意

　自分たちでできること、他へお願いしたいことの報告で最も大切なことは、"他へお願いしたこと"のうち1つでも2つでも、経営者に取り組んでもらう承認を得ることです。他へお願いしたいこととして、「給料をアップしてほしい」「駐車場を整備してほしい」「プレス機を買ってほしい」など、すぐには対応できないことも多いでしょう。一方、「若手を育成する体制をつくってほしい」「他の工程の作業もできるようにしてほしい」など前向きなものもあります。経営者は、組織・人事的な領域はすぐ着手できることが多いです。カイゼンリーダーは、経営者に対して1つでもいいので、"他へお願いしたいこと"にすぐ取り組んでくれるよう要請します。すぐにできない場合は、「なるべく早期に実現できるよう尽力する」と言質を得るだけでも十分です。

　経営者が、現場の「不」の解消に取り組むと表明しただけで、カイゼン活動にエネルギーが生まれます。そのことを伝えて現場と経営の一体感をつくり、カイゼン活動を加速させます。

■ 報告結果の現場へのフィードバック

　カイゼンリーダーが経営トップにワイガヤ結果を報告すると、いろいろなコメントを授かるはずです。叱咤に近いものや激励、賞賛に近いものなどいろいろあると思います。

　「不」の報告を受けた場合、多くはネガティブに受け止めがちです。それは、経営トップも同じです。ネガティブな報告を受けて無表情になるのはやむを得ないことかもしれません。

　したがって、リーダーが経営者の回答を受け止めるときには、できるだけポジティブに受け止めようと意識します。そして、メンバーへフィードバックする際は、ポジティブに言い換える意識を持ちましょう。

　「不」はネガティブになる傾向があるため、カイゼンリーダーはポジティブを意識するくらいでニュートラルに近くなるからです。現場のメンバーも、ポジティブに言われた方がカイゼン活動に関するエネルギーが湧いてきます。

 経営トップに共感してもらうこと、現場のお願いを1つ聞いてもらうことで経営と現場の一体感をつくる

経営トップには組織・人事に関することをお願いする

ある金属加工会社の事例で「不」の吐き出しをしたところ…

若手から

「教えてもらっていない」
「やり方もわからないのに、いきなりやれと言われても困る」

ベテランから

「若手が戦力にならないので忙しい」
「教える時間がない。先輩から仕事を盗むということをしない」

 "他へお願いしたいこと" として

「若手を育成する仕組みをつくってほしい」
との提案

 その報告を受けて

社長は、すぐに若手とベテランが同じ班になるように組織を変更し、メンター制度を始めた

経営としては、組織・人事に関することで手当てできることは意外と多い。そこで、カイゼンリーダーは思い切って組織・人事に関するお願いをするとよい

カイゼンの達人

6-5 カイゼン活動のチームをつくる

　ここまでワイガヤ形式で「不」の吐き出しをし、それを分析してカイゼン課題を設定しました。また、経営トップとのすり合わせもできました。次は、カイゼン活動のチームをつくります。

■ 立候補制にする

　「不」の吐き出しを行ったチームと、カイゼン活動のチームは同じになりません。なぜなら、前者は課題を見つけるため、後者は課題を解決するためだからです。課題解決のためのチームは原則、課題解決のアイデアを考え出し、実際に行動する人が中心になります。

　このチームの選び方も立候補で行います。面白そうという好奇心や、やってみたいという自発的な気持ちを持つ人に入ってもらいます。また、カイゼン活動ミーティングに参加する人は7人前後とします。ミーティングではワイガヤ手法を用いますが、これに適した人数です。

　立候補者が定員に満たない場合、カイゼンリーダーなどがメンバーに立候補を促します。具体的には、不の吐き出しで良いアイデアを出した人、活動に興味を持った人、問題意識が高いと思われる人などに声をかけます。私の経験からは、課題解決能力が高い人よりも活動に興味を持っている人の方が、良いパフォーマンスを発揮してくれます。

■ キーパーソンを選ぶ

　メンバーを選ぶときの考え方は、2つあります。

　1つめは、カイゼンに対する意識の高い方、好奇心のある人です。カイゼン活動は自立性を大切にします。自立的な人は創造的なアイデアを出し、行動力も高いからです。

　2つめは、カイゼン活動で変わってほしい人です。このような人は、活動に否定的なことがありますが、それでいいです。こうした人が肯定的になれば、現場は変わったと思えるからです。カイゼンリーダーは活動を進める上で、キーパーソンが変わった後のカイゼン活動の姿もイメージします。

カイゼン活動に否定的な人をキーパーソンにする

ある事例

カイゼン活動に否定的なベテランのAさん
工程リーダーで、自工程の生産性を高めることに尽力していた

 Aさんの状況は

Aさんは独自にカイゼンをたくさん実施していた。担当工程の生産性（ピッチタイム）は最も高かった。しかし、納期はタイトで、Aさんの工程も"目標"の生産性を達成できていなかった
工場は、工程ごとに班が構成されていた。そのため、ボトルネックであっても他工程のために汗をかくことに違和感があり、カイゼン活動に後ろ向きだった

 Aさんのつぶやき

あるとき、カイゼン活動の中でAさんが「工程ごとに構成していた班を、製品別に再構成した方がいいのに…」とつぶやいたことが転機に
これまで別の班であった他工程の人が同じ班になり、工程間のカベがなくなって工程全体で最適化を考えられるようになった

 Aさん案の試行

賛否が割れる中で、1週間試行することになった
結果的に、Aさんの案が全面的に採用された。そして、班の再構成の推進役をAさんに依頼。こうしてAさんは推進勢力に転じることになった

■ メンバーを随時入れ替える

　上記でメンバーを選抜すると書きましたが、これはあくまでも活動初期だけです。その後は、カイゼン活動ごとにメンバーを入れ替えます。実質的には全員参加型にします。入れ替えるときも原則、立候補制にします。

　カイゼン活動を固定メンバーで行うと、活動に連続性が生まれるため、積み上げ型で比較的大きな課題に取り組むのに向いています。しかし、活動に参加していないメンバーとの間に情報量や意識の差などが表れがちです。そして、未参加メンバーは活動が疎遠になり、他人事のようになってしまいます。

　一方、カイゼン活動は、全員参加にするほど個々の負担は小さくなり、長続きもします。そして、多くのメンバーが活動するため、最終的には大きな結果に結びつきやすいです。

　そのため、2、3回目くらいから、メンバーを活動ごと（ミーティングごと）に入れ替えます。前回の流れがわからない人が加わるため、断続的になるとも考えられます。そこで、カイゼン活動の状況を朝礼などで共有します。また、入れ替え制の場合、自分に参加の順番が回ってくることを想定しています。自分が参加するときは、事前に前回の参加者から状況を聞くなどしています。結果として、情報格差はあまり生じないようです。また、ベビーステップであるため、前回参加していなくても追いかけやすいことが利点です。

■ 全員参加型にする

　私の経験ですが、当初は活動の連続性を重視し、メンバーを固定して指導していました。しかし、非参加者との情報差・意識差が生まれました。それ以降はメンバーを入れ替え制にしています。この形式となってもメンバー間で情報交流はできており、連続性は維持されています。

　さらに活動が全員参加型になり、アイデアが広く集まるようになりました。また、参画するメンバーも実質的に増え、成果が早く表れるようになったのです。製造現場で急な対応が生じたときも、メンバーを柔軟に入れ替えることができ、カイゼン活動を休むことなく継続しやすくなります。

One
Point
ミーティングごとにメンバーを入れ替え、全員参加型にする

	メリット	デメリット
固定制 (選抜型)	○課題に集中できる ○前回の活動結果の共有に時間を要せず、活動に連続性ができる ○比較的大きな課題に、長い期間、積み上げ型で取り組める	○メンバー外の人とは知識差や意識差が生まれる ○カイゼン活動への参画意識が希薄になる ○参加のメンバーの負担が大きくなる ○製造で急な対応があったときに活動が休止する
随時 入れ替え制 (全員参加型)	○全員が活動に参加できる ○情報差・意識差が生まれにくい ○当事者意識が高くなる ○負荷が分散する ○長続きしやすい	○間隔が空いて、活動に参加したときにそれまでの流れが見えにくくなる ○レベルの維持が難しい

カイゼン活動を固定メンバーで実施し、私はコンサルタントとして指導していました。活動自体は上手くいっていたものの、最後に、参加している人と参加していない人で知識や意識の差が大きくなった、との振り返り結果がもたらされました。その後、コンサルが外れると、参加していないメンバーに引っ張られてカイゼン活動が下火になったと聞かされたのです。

その経験を受け、メンバーを入れ替え制に変えました。最初は、途中から参加したメンバーに戸惑いの様子が見られたものの、数カ月すると固定制の場合とほとんど変わらなくなり、情報格差や連続性がなくなることもなく成果が積み上げることが実現しました。

これは、目からウロコの出来事で、以降は原則として入れ替え制にし、全員参加型でカイゼン活動を進めています。

最初のカイゼン課題は身近なものにする

カイゼン活動では、小さな成功体験を早くつくることが成功のポイントです。そのため、最初の「不」の吐き出しで出されたもののうち、できるものはその日のうちにすぐ手をつけます。「気になっていることをすぐにやった」というように、即行動に移すことで得る成功体験です。

■ "自分たちでできること" の中から課題を設定する

最初の課題は身近なものを設定します。具体的には、初回のワイガヤで出した "自分たちでできること" の中から、ボトルネックの解消につながるものをピックアップします。その中から最初の課題を選びます。

現場の「不」をそのまま課題にすることは難しいです。なぜなら、吐き出された「不」の多くは抽象的だからです。これを具体的にする必要があります。

具体的にするには、時間をとって知恵を出します。カイゼン課題はボトルネックにあり、その発掘に時間をかけるのはいいことです。また、現場も自らの「不」の解消につながるため、前向きになります。

最初に取り組むカイゼン課題は、1つで構いません。

■ 課題を全員で取り組む

ある工場では、充填工程がボトルネックでした。充填機が古くチョコ停や充填不良が起きており、その作業者は新人のAさんでした。

「不」の吐き出しでは、多くの人から、「充填工程が大変」という「不」が出されていました。Aさんがいつも充填機で苦労しているのを見ていられない、ということからカイゼンの白羽の矢が立ったのです。

この充填機は耐用年数を超えていました。しかし、配管内部をていねいに毎日清掃して、粘性の高い液体を除去すればまだ十分使えるものでした。会社も設備を更新できる財務的な余裕は正直ありませんでした。

そこで、この課題に全員で取り組むことにしました。配管清掃は技術を要し、作業できるのは課長だけでした。しかし課長は製造全体を管理し、自らも担当工程を持っていたため、清掃時間を確保できる状況になかったのです。

売上計画や利益目標は具体的な数値
事業計画から下りてきているから全員のベクトルも一致しやすい

 しかし

たいてい現場にとってはピンときていない
売上目標を達成して、「自分たちにとって何かいいことあるの？」
「時給が〇円上がる程度かな？」と感じる人も少なくない
売上計画は経営者やリーダーにとっての関心事で、
現場のメンバーの多くにとっては遠い存在

 それでは

売上目標を達成できたら、ボーナス〇万円アップというような、現場にとって関心の高いような目標にするとどうか？

売上目標を達成して「ボーナス〇万円」という目標の場合、
達成感を得るまで多くの期間を要す
その間に、エネルギーを切れを起こす人が増える懸念が大

 結論として

カイゼン活動では、早く成功を体験してそこから次へのエネルギーを得ることの方が効果的である。したがって、そのエネルギーと面白味が少しずつ増えていくことを目指す。小さなものでも成功の実感を短期間に得られるものにしたい

そのため課長の業務のうち、現場のメンバーで引き受けられることをみんなで考えました。課長の業務の中には、誰でもできるが、手が冷たくて大変な容器洗浄がありました。そのような大変な業務は「みんなで分担してやろう」という長年の慣習があったため、忙しい課長も容器洗浄を担当していたのです。

　このため、他の人でも替わることできる課長の容器洗浄をみんなで分担することに決めました。そして、個々の作業をやりくりして時間を捻出し、容器洗浄に充てたのです。課長は充填機の配管を清掃するための時間ができました。その結果、充填工程のボトルネックは解消されました。

■ 細かい作業を意味のある作業にする

　上述した事例では、誰でもやれる容器洗浄の仕事を課長以外の人が担当しました。

　個々にやりくりして課長の容器洗浄を交替し、Aさんの「充填工程が大変」という「不」を解消しました。さらに「それを見ていられない」という自分自身の「不」も解消しました。充填工程はボトルネックだったので、全体の生産性も上がりました。

　仮に、トップダウンで容器洗浄を現場のメンバーに指示したとします。誰でもできる作業でも、長年の慣習を変えるのですから、トップダウンでは上手く行かなかった懸念があります。また、強いトップダウンの指示であっても、「なんで私が冷たい思いをして容器を洗わなきゃいけないの？」「ほかの人でいいじゃない！」「課長もやればいいじゃない！」と思いながら取り組んだかもしれません。このような場合、長年の慣習に戻ることが多いのです。

　これに対し、容器洗浄はボトルネックの解消につながる重要な作業であるとメンバーが認識します。さらに自分の「不」の解消のため、そしてAさんを助けることになると思えれば、意味のある作業になります。周囲から感謝される作業になります。

　このように、最初に取り組む課題は、容器洗浄の交替という身近なものでいいのです。そして、取り組んだ後に成功分析をして、成功体験としてみんなで達成感や充実感を味わいます。これで立派な成功体験につながるのです。

 意味ある身近な作業に取り組む

身近な課題を通して細かい仕事の意識も変える

カイゼン前

この工場では、容器洗浄は冷たく、姿勢も中腰で大変な作業とみんな口々に言っていた。"雑用" "外れくじ" と言う人も出る中で、"大変なこと、避けたいことは、全員で分担してやろう" という慣習があった

カイゼン後

この作業を替わることで、Aさんをはじめ他の人から「ありがとう」と言われるようになった。容器洗浄を替わった人も、この作業に誇りを持てるようになった。清掃作業は、「Aさんの『不』を解消でき」「ボトルネックを解消できる」、貢献度の高い作業に認識が変化した

同種の作業には草むしりや工具整備などがあり、これらの作業がボトルネック工程を圧迫していることは往々にしてあります。そのため、リーダーが非ボトルネックの作業者に対してトップダウンで作業指示しますが、指示された方は言われたからやるという状況です。カイゼン活動では現場が自主的に考え、替われる人が時間をつくって実施するというように、ボトムアップで課題設定します。上手く行けば、その作業を担当した人も成功体験を共有できます。カイゼン活動の最初の課題を、このような結果で残せると、カイゼン活動はいいスタートを切ったと言えるのではないでしょうか…

カイゼンの達人

経営者や上司もカイゼン活動に取り組む

　現場のワイガヤからは、"他へお願いしたいこと"が多く出されます。これについては、6-4項「経営トップを巻き込む」で簡単に触れました。ここでは、経営者や上司にもカイゼン活動に取り組んでもらえるよう、カイゼンリーダーが行うことを紹介します。

■「不」や"他へお願いしたいこと"などの伝え方を工夫する

　ワイガヤでは、「不」や"他（上司）へお願いしたいこと"は、制限なく挙げてもらっています。もちろん、現場本位の視点が多数含まれています。そこで、伝え方に頭を悩ますことがあります。

　原則、ストレートに伝えますが、経営トップの中にはこれを直接聞くと現場が依存的だと受け取り、必要以上に残念がる人もいるようです。経営トップの人となりや現場とトップの信頼関係によりますが、場合によってまとめた上で伝えます。まとめ方は、①類似するものは1つにまとめ、②特異なものは削除します。

　また、経営者や上司への「不」については、現場の"上にこうしてほしい"という声を「不」の吐き出し時にあらかじめ聞いておき、それも伝えます。経営者から助言を求められそうなことも、同様に前もって用意しましょう。

　このとき、経営者に"誰が"言ったかは伝えません。ただし、コンプライアンスが懸念されるものは伝えます。

■ 報告を受けたときの経営者の反応を観察する

　最初のワイガヤの報告をするとき、カイゼンリーダーは経営トップの反応を注意深く観察します。報告内容ごとに積極的な受け止めか、消極的な受け止めかを見極めるのです。さらに、課題や"他へお願いしたいこと"のどれに反応するかを注視します。

　経営トップは、カイゼンリーダーからの一通りの報告が終わった上で回答してくるはずです。そのとき、すべてに回答があるとは限りません。また、報告を最初に受けた時点での反応が一番リアルなため、好意的なのか、そうでない

"他へお願いしたいこと"の伝え方

「不」や"他へお願いしたいこと"は、経営者にとって耳が痛い内容
現場は「好きなことを言って…」と受け止める経営者もいる

 一方

本当は、"他へお願いしたいこと"は経営者にとってありがたい情報
カイゼンリーダーは、報告しているときに経営トップに伝わっていない、気分を害されたと感じることもある

 しかし

カイゼンリーダーは、このことは「経営者にとってもありがたいことでもある」と言い聞かせ、報告は淡々と行う
経営者は、そのときは気分を害されたと感じても、後日、言動が変わることも多い
経営者からの受け止めも淡々とこなそう

 さらに伝えることは

「社長に話しかけてほしい」「現場を見てほしい」などの要望は多く、現場への声がけなどできることはすぐに実行してもらうようお願いする。ただし、これを受けて行動に移されることはそう多くないのが現実である。カイゼンリーダーは、すぐに取り組んでもらえそうなことを社長などにお願いし、念を押すことも重要な役割である

のかを注意深く観察します。

　報告の最後に、トップの反応から読み取ったものを確認して聞きます。これが合っていれば、経営トップとのコミュニケーションの質は高まります。

　この報告により、経営トップにカイゼン活動への興味を高めてもらいます。経営トップの反応がカイゼン活動のエネルギーになるのは明らかです。このエネルギーは、プラスとマイナスの両方があります。現場が自分で考え動く点を伝えるなど、プラスのエネルギーが出るよう働き掛けましょう。

■ "他へお願いしたいこと" を実戦してもらう

　現場の多くは、他へお願いしたいことを、「何が何でもやってほしい」とは思っていない人が多いです。他へお願いしたいことを挙げることを通じて、現場の大変さをわかってほしいという場合もあります。つまりは、共感してほしいのです。

　たとえば、給与アップや休日数を増やしてほしい、正社員へ登用してほしいという要望があります。これらはすぐには対応できないのですが、あえて口外するのは「わかってほしい」という側面があるようです。

　経営トップには、まず現場の要望を聞いて現場を理解し、共感してもらうことが第一です。そして、すぐにできることはお願いして取り組んでもらいます。「現場に来て社長に声掛けしてほしい」ということがあれば、すぐに対応してもらえるよう頼むのです。

■ 経営者に実際に動いてもらい、トップからもエネルギーをもらう

　経営トップができることをすぐにやってくれると、現場には自分たちの想いが届いたといううれしさや経営トップに対する共感が生まれます。これが現場の達成感の1つになり、活動に弾みがつくのは間違いありません。ごほうびなどを用意するより、経営者に簡単なことでも実際に動いてもらう方がカイゼン活動のエネルギーになる場合もあります。

　カイゼンリーダーは、このように現場と経営で一体感をつくる仕掛けを実施します。

| One Point | 自分への「不」に気づいている経営者や上司も多い |
| --- | 経営者や上司が変わるヒントも報告に入れる |

経営者・上司への「不」の報告の仕方

経営者や上司への「不」を受けて、助言を求められることがある
経営者や上司もそれに気づいていて、変えたいとも思っている
「不」の報告ではそのヒントとなりそうなことも伝える

 上司への「不」

「不」の吐き出しの例

○相手（上司など）に何かを聞くときに、どのように聞くか（に悩む）
　（上司の）答えが怒られたように返ってくる
　こんなこと聞いていいのか、悩んでムダな時間を過ごす
○工場長の気分が悪いようだと、「そんなこと、わからないの？」とい
　う返答がある
　そのため、萎縮してしまう。わからないことを聞きづらい

 「不」の解消のヒントを伝える

現場の声（要望）も伝える

○注意するだけでなく、その人のいいところも見てほめてほしい
○現場は、頼りにされていると思うとやる気が起きるのだから、上手
　く引き出してほしい
○一言、「すみません」「ありがとう」と言ってくれれば楽しく仕事が
　できる

> 「不」の吐き出しでは、上司への「不」
> に対する現場の声も聞いておく

助言を求められ回答した例

期待に応えていないところでほめると、できたと誤解されるのでほめ
にくい。このことに対し助言を求められた場合：
ワイガヤでは、結果よりプロセスを大事にする
上司の期待に応えていなくても（結果が出ていなくても）、作業者がが
んばった場合はその"プロセス"をほめる

6-8 最初の勝ちグセをつくる

　ここでの"勝ち"とは、現在の自分が過去の自分に勝つことを意味しています。また"クセ"とは、1回だけ勝つのではなく、複数回かつ連続して勝つことを示しています。そのためのポイントは以下の通りです。

■ 現場のエネルギーが高いときに取り掛かる

　現場のエネルギーが高まるときは2回あります。最初は「不」の吐き出し直後で、次は経営トップへの報告を現場にフィードバックした直後です。現場から良いアイデアが出されたとき、若手など新たなキーパーソンなどか現れたときもエネルギーが高くなります。これらのタイミングが、最初の成功体験（勝ち）を狙うときです。

■ ベビーステップにする

　すぐ結果を出せるよう、ベビーステップにします。その結果から達成感や充実感を味わえるよう、実行後の振り返りで成功原因を多方面から掘り下げます。

■ 元に戻る基準を決め、期間限定で取り組む

　カイゼン課題をベビーステップにできない場合があります。課題を分解できない場合、これまで大きな課題に取り組んできたなどの事情がある場合、比較的大きな課題に取り組みます。

　この場合、すぐに着手することは見切り発車に近くなります。リスクもあります。また、工場によってはたとえベビーステップであっても、ゼロリスクで取り掛かるという風土のところもあります。

　こうした場合、最初の一歩がどうしても重たくなります。そのため、上手くいかなかった場合のことを想定します。さらに、上手くいかない場合は「元に戻すだけ」という基準を決めます。これをトライアルとし、期間限定で取り組むことにします。

　これだけで、最初の一歩は踏み出しやすくなるものです。

A工程（1階）→B工程（2階）→C工程（1階）という流れで、B工程が飛び地として2階にあるレイアウト例である。B工程がボトルネックになっており、その進捗が見えにくくなっていた。そして、C工程では手待ちが発生していた

工程ごとに必要とされるスキルが異なり、それぞれスキルのあるエースが班長をし、工程ごとに班編成をしていたのである。そのため、C工程の作業者が、他の班に当たる2階に上がりB工程の進捗を見に行ったり、ましてや手伝ったりすることはやりづらい雰囲気があった

そこで、あるパートさんから、「班構成を製品別にすればいい」との素朴な案が出された。これにより、C工程の作業者がB工程に進捗具合を見に行くことは、同じ班のため行きやすくなる。工程ごとにスキルが異なると言っても、前準備の段取りの一部や後処理などの作業は他工程の人ができるものであった

この案に対して班長から、マネジメント範囲が変わって管理できない作業が現れ、負荷が増大するとの懸念が出された。負荷が増大すると、残業が増えるというものである

そのため残業時間の基準を決め、基準の残業時間を3日間連続超えた場合は、元に戻すことにしたのである。元に戻すのはゼロリスクであった。これをトライアルとし、その期間を2週間に限定した

 その後

この例では、1日目からさっそく効果が現れた。班長はきつくなったものの、作業者の動きは良くなり、生産性も上がった。班長は現場から元気をもらい、「今は大変だが自分もやりくりして進める」と言ってくれた

このように、変えたことによるリスクを考え、元に戻す基準を事前に決め、期間限定とした

前ページに示した事例のように、パートさんや現場で一番汗をかいている作業者から出された素朴なアイデアは上手くいくことが多いです。班長やベテランが管理業務が大変になる、リスクが高まるなどの理由で渋い顔をしていても、元に戻る基準とトライアル期間を決めて、まずは第一歩を踏み出します。

上手くいく場合は、数日で結果が見通せることが大半です。カイゼンのスジが見えてくるのです。スジがいい場合は数日後に「元に戻したいですか？」と聞いても、「いや、もう元に戻れません」という確かな決意が返ってくることがほとんどです。

要はすぐに取り組めて、元に戻せるような仕掛けにしておくことが、最も大切であることを実感できるようになります。その経験を積み重ねれば、カイゼン活動は加速するものです。

■ 全員で支援し合う

工程のメンバーの多くは、間接的なものを含めるとボトルネックに関わるところはあります。これを、各自が考えて見つけます。

前述した充填工程の「不」の解消と同じく、容器洗浄を替わってあげるのでもいいのです。ボトルネックの解消は、製造全体の生産性を上げることにつながります。

優秀なチームほど、控えの選手は自分の役割を認識し、チームのために尽くすと言われています。そして、控えの選手は自発的に創造的に取り組むと聞きます。結果が生まれると、レギュラーは控えの選手に感謝の言葉を述べます。控えの選手も、結果が出たときの達成感はレギュラーと同様です。

カイゼン活動が上手くいっている製造現場も同じような風土があります。一度助けてもらうと、次は自分が助けようという気持ちが強くなります。「いつも助けもらってばかりで申し訳ない。今回、助けることができてよかった！」という発言が、ワイガヤの中でよく聞かれます。これが全員で取り組むということです。このような場をつくり上げることが、勝ちグセをつける上で大切なのです。

One Point　課題を行動しやすいようにして、全員で支援し合う

上手くいかなかったら元に戻すという取り組み

元に戻る基準をあらかじめ決め、期間限定で取り組むという事例はあるようで少ないのが現実。進める上でのポイントは以下となる

理由1：ボトムアップで進める

トップダウンの場合

トップダウンの場合、決めたことをやり切るという側面がある。そのため、何かを変えた場合はそれをやり通そうとする。それが、元に戻すことができない風土になっている1つの要因である。そして、多くの工場では、トップダウンで動いている

ボトムアップの場合

ボトムアップで進める場合、自分たちで決めて自分たちで進めることが可能。したがって、"できなかったら元に戻す" "困ったら元に戻す" こともしやすい

理由2：あらかじめ元に戻す基準を決めておく

やってみて元に戻したという経験が少ない人も多い。一度、やったら元に戻せず、元に戻せないから必死に抵抗するという人がカイゼン活動では必ず現れる。元に戻すこと＝"失敗" という印象があることが要因である

そのため、元に戻す基準を "あらかじめ" 決めておく。あらかじめ決めておいたことをするのは、失敗ではなく予定進行に当たる。このルールで、変化に対するハードルを下げる

カイゼン活動はカイゼンリーダーを映す鏡

カイゼン活動は、カイゼンリーダーを映す鏡のように感じることが多いです。リーダーが楽しく取り組んでいる工場は、現場も楽しく取り組んでいます。リーダーが、自由や平等を大切にしたり、安全で安心を感じたりしていれば、現場はそのような場になっていきます。

また、リーダー自身がチャレンジしていれば、現場もチャレンジしています。リーダー自身が考えよう、変えようとしていれば、現場もそのようになるのです。

逆に、リーダーが窮屈に感じていたり、特定の人を重用したりすれば、不自由で不平等になっていきます。他からのプレッシャーなどで行動や気持ちが不安定であれば、現場も不安になったり、居心地が悪くなったりしてしまいます。

でも、リーダーも人間です。いつも元気ではありません。不自由を感じたり、プレッシャーから不安を感じたりしています。考えられないときに、変えようというエネルギーが出ないことはあります。その場合、どのようにすればいいのでしょうか?

あるカイゼンリーダーが言っていました。

「目指す姿を演じるのです」

自分がカイゼンリーダーの目指す姿を演じていると、現場のメンバーもそれに近づいてきます。その現場のメンバーの姿を見て、自分が元気をもらうそうです。そのように続けていると、知らず知らずのうちに自分の元気が回復してきます。カイゼンリーダーは、たとえ演じていても、現場はそれを映す鏡になるようです。

第 **7** 章

勝ちグセをつけ、活動を継続できる仕組みをつくる
カイゼン活動のエネルギーを持続させる

・・・・・・・・・・・・・・・・・・・・・・・・・・・・・・・・

　勝ちグセの"勝ち"とは、過去の自分たちに勝つことを意味しています。そして"グセ"とは、続けるということです。勝ちグセをつけるには、ちっちゃな成功から達成感や充実感を連続して感じ取れるようにすることです。

　そのためには、ワイガヤで行う"振り返り"がポイントになります。

　"振り返り"では、"良かったことを"をカイゼン活動に参加したメンバーで掘り下げていきます。これを通じて、ちっちゃな成功を噛みしめます。ちっちゃな成功を噛みしめられることを積み上げているうちに、気がついたら大きな成果に結びついていたということが起こります。こうして、カイゼン活動の風土が出来上がっていくのです。

7-1 理想は変化やチャレンジを面白いと感じられること

　勝ちグセをつけ、継続できることの理想の状態は、現場のメンバーが変化やチャレンジは面白いと実感できるようになることです。そして、変わらないことに違和感や不安を覚えるという状態です。これには、ポイントがあります。

■ 小さな変化やチャレンジでも達成感を得られる

　小さな「不」を解消することで、小さくても達成感や安らぎ、喜びは得られます。一方、実際に小さい「不」の解消では達成感がない、という人も少なからずいます。小さなことなので、できて当たり前、喜ぶほどのことでもないとやり過ごす人も多いです。しかし、この小さなことをメンバーみんなで噛みしめられて、共感できるようになることが理想です。

　カイゼン活動が上手くいっている会社の経営トップから、「小さなカイゼンの兆しを感じ取ること、それを磨くことが大事である。そして、次のカイゼン活動に活かせるようにすることが最も重要である」と聞かされました。上手くいっている工場ほど、小さな成功を味わうことに価値を置いています。

　また、あるメンターから「幸せは日常のちょっとしたところにある。それを実感できる人が成功者である」と言われたことがあります。私は、その言葉を聞いて、カイゼン活動で上手くいっている工場の人たちと重なりました。

■ 小さな変化やチャレンジを積み上げる "良いループ" をつくる

　カイゼン活動には、良いループと悪いループがあります。

　良いループは、次の流れです。新しいことに取り組もうと考えた→実際にやってみた→やってみたら面白かった→不安よりワクワクの方が大きかった、というものです。

　極論すれば、結果は上手くいっても上手くいかなくてもどちらでもいいのです。「実際にやってみた」ことを大事にします。さらに、上手くいかなくても「やってみたら面白かった」と思えれば、カイゼン活動ではその行動を成功ととらえます。この体験を大事にするのです。

　これを繰り返すうちに自信が生まれます。次はもうちょっと刺激がほしい、

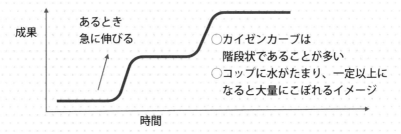

ベビーステップで進めるカイゼン活動の成長イメージ

成果

あるとき
急に伸びる

○カイゼンカーブは
　階段状であることが多い
○コップに水がたまり、一定以上に
　なると大量にこぼれるイメージ

時間

カイゼンリーダー

小さな目標だと工夫をしなくて、大きな目標を設定して初めて違う視点で考えるようになるとも聞きますが…？

　確かに小さなカイゼン目標では現状の延長線にしかならず、パラダイムにつながるような大きな目標を掲げる方がいいということを聞きます。以下に整理しましょう

　①ビッグステップは単発的で散発的
　大きな目標を掲げ、ビッグステップで進めるのは、経営の立て直しのような案件では効果があります。経営改善案件や再生案件で行うリストラのイメージです。単発的で散発的な取り組みには有効です
　②ベビーステップは継続的
　目標は大きなところに掲げますが、進め方をベビーステップで行うという考え方です。あるとき急に伸びる瞬間が訪れ、結果として短期間で成果に結びつくという進め方です。継続的な取り組みに有効です

どちらがいいということはありません。それぞれの特徴を知った上で、課題によって使い分けましょう

カイゼンの達人

もう少し大きな変化に取り組んでみたいと思うようになります。

■ "好ましくないループ" が起きないようにする

　好ましくないループの例は以下です。変わることにワクワクもあるが不安がある→「変わらなくても大丈夫」と思っている→（そのため）カイゼンリーダーはハッパをかける→リーダーがハッパをかけなければ、カイゼン活動は止まる→現場は叱られ疲れ、リーダーは叱り疲れになる、です。

　これは、ハッパの代わりにごほうびを用意するのでも同じことが起こります。"ハッパをかけられるからやる"ことと、"ごほうびがもらえるからやる"のは同じような効果を狙っているためです。

　カイゼンリーダーは、ごほうびやハッパではなく、現場の興味や好奇心を引き出して良いループに持っていくように仕掛けます。

■ 変化することから小さな安全・安心を得られる

　ある工場で、あるときから職場で積極的な姿勢を見せるようになった若手がいました。「何か変わったことはあったの？」と聞くと、「周りが助けてくれるので、チャレンジしても安心と思えるようになった」との回答でした。先輩方の多くは小さなチャレンジを積み重ねていて、その面白さを知っていました。後輩に対しても「自分で面白そうと感じることにチャレンジしてみたら？」「困ったらフォローしてあげるから…」と言って背中を押していました。

　カイゼン活動では、仕組みや行動の変化だけではなく、メンタル面での変化も現れます。上手くいっている活動では、メンタル面の変化の中で最も大きいのは安全・安心が得られることです。

　また、変化することにより自己成長の実感があるため、安心と感じると言われていた人もいました。逆に、変化しないと置いて行かれているような感覚があり、不安に思うとも言っていました。

　このように変化やチャレンジすることで、小さな安全・安心が得られることを現場が実感できるのは、目指す姿の1つです。その結果、カイゼン活動は継続しやすくなり、成果も増大します。

 One Point チャレンジしても安心、と思える場をつくると面白くなる

カイゼン活動では、やってみることを重要視する

いいループでは「実際にやってみた」ことを重要視

 なぜなら

カイゼン活動では、実行後の"振り返り"を重要視するため
「実際にやってみて」、振り返ることでメンバー全員の経験にし、
振り返りを受けた人も振り返りで発言した人も経験になる

 つまり

「やってみた」結果よりも、"振り返り"のプロセスを重視
「実際にやってみた」という経験値が高くなる

 一方

カイゼン活動は変わる活動
変わることの多くはワクワクと不安が同居しているが、
実際に行動してみると思ったほど不安はない

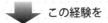 この経験を

カイゼン活動のメンバーみんなで積み重ねる
少しずつ不安に強くなり、安心感が出るようになる

 また、

安心感のあるメンバーのサポートにより、
新しいチャレンジへのハードルが低くなる
カイゼンリーダーは、メンバーの心理的なハードルが
低くなるようサポート

7-2 振り返りで勝ちグセを つくり上げる

　振り返りは、ベビーステップでアクションした後に行います。振り返りは、単なる PDCA の Check ではなく、カイゼン活動にエネルギーを注入する狙いがあります。

　ベビーステップで取り組むカイゼン活動では、1つひとつの成果も小さくなります。それを成功体験として噛みしめられるようにします。その "根幹" に当たるのが振り返りです。そのポイントを紹介します。

■ "良かったこと" と "大変だったこと" をワイガヤルールで吐き出す

　カイゼン活動とは "変える" 活動です。しかし、何かを変えると必ずメリットとデメリットが現れます。振り返りではこの両方を "良かったこと" と "大変だったこと" として掘り下げます。両方を比較することで、その効果をメンバーで実感できるのです。

　カイゼン活動に集まったメンバーに、この2つをそれぞれ挙げてもらいます。このとき全員、順番に聞いていきます。進行役は、発言時間や発言回数の平等のルールを守ってもらうよう指示します。さらに、自分の頭で考えたことに価値があることを再度伝えます。

■ "良かったこと" を重点的に掘り下げる

　振り返りでは、"良かったこと" を重点的に掘り下げます。大変だったことは、意識しなくても自然と掘り下げられます。そのため、意識的に "良かったこと" に重点を置くのです。

　カイゼンリーダーは、「何が良かったのか」「なぜ、上手くいったのか」などを参加メンバーに順に聞きます。たとえば、「どんなことが良かったですか？」のように聞きます。それを受けて回答があるので、さらに深く聞きます。回答が止まったら、次の人に移ります。「なぜ、○○をしたのですか？」「なぜ、上手くいったのですか？」と掘り下げて、参加者全員に聞いていきます。前の人と同じ回答になっても大歓迎ですが、自分の頭で考え、自分の言葉で表現することは守ってもらいます。振り返りの回数を重ねるに従い、カイゼンリーダー

"良かったこと" の振り返りを成功体験につなげる

取り組んだ当事者が "良かったこと" を掘り下げるのは難しい

 なぜなら

自分の強みや良い点は他人から聞いて認識することが多いため
振り返りは、自らの強みや良い点を認識してもらい、
成功体験につなげる

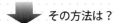 その方法は？

振り返りメンバーは、当事者以外もいる
外からの方が客観的でよく見えることがある
当事者ではない人に良い点を見つけてもらえるのはうれしく、
励みになる

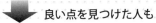 良い点を見つけた人も

観察力や分析力が高まる
感謝されればうれしくなる

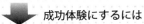 成功体験にするには

振り返りでは、当事者もそれ以外の人も "良かったこと" を
掘り下げて認識し、みんなの小さな成功体験とする
成功体験の認識は、最初は小さくとも積み上げることで
実感できるようになる

は掘り下げをどんどん深くしていきます。

このようにして上手くいった原因を掘り下げ、小さな発見があったときは喜びにもなります。これが、小さな成功体験です。その発見をさらに掘り下げられれば、その体験を磨き上げることになります。振り返りでは、小さな成功を見つけてそれを育てます。

■ ポジティブフィードバックにする

振り返りは原則、ポジティブフィードバックで行います。ポジティブなフィードバックを受けると、またやりたくなるようになります。子供がほめられたことがうれしく、またほめられようと行動することと似ています。

大人になると、ポジティブフィードバックをストレートに受け止めにくくなります。照れくさい、裏があるなど、いろいろと考えるものです。しかし、安全・安心の場が生まれたワイガヤではそうなりません。

最初はポジティブフィードバックを受けると、戸惑いの様子を見せる人は多いです。特にベテランの男性職人などです。しかし、淡々と続けることで良い雰囲気が生まれ、ポジティブな雰囲気が育ってきます。

■ 結果よりプロセスを重視して振り返る

"自分で考え""自分で取り組んだ"プロセスを重視するようにします。特に、"自分で"という部分を大切にします。自分が考えたことをみんなで振り返ります。"これでよかったんだ""自分で考えたことはよかった"と感じると、安全で安心な場になってきます。

そして、新しいことに取り組んでも安心と思えるようになります。カイゼン活動では、この安心感により創造的な思考が育つのです。良い振り返りは、次のチャレンジの意欲も生み出します。カイゼン活動で勝ちグセをつくる最大のキモになります。

このような場をつくり上げるのが、振り返りです。カイゼンリーダーは振り返りを通じて、自由で平等、安全で安心なな場をつくることに取り組みます。そして、創造的で自立的なチームを育てます。

 結果ではなく、プロセスをポジティブに全員で振り返る

小さなカイゼンの積み重ね1

やったこと	良かったこと	大変だったこと
1階のレイアウト変更	○つけ合わせの場所をつくったことで、少ない動きでつけ合わせできるようになった ○以前は自分の机で行っていたので作業を中断していた ○作業工程の順に配置したので、流れるように作業できている ○動線が良くなった（多数） ○必要なところに必要なモノを置けるようになった ○1階で不要になった棚を2階で使うようになり、作業効率が上がった ○「誰でもわかるようにする」のが有意義だと思った	○机や棚など、重たいものが多い中、ほぼ女性ばかりで動かして大変だった ○イメージ通りには上手くいかず難しかった ○おおまかな改善をしたが、活かしきれていない ○台紙・デジアナのところが狭い。効率が悪くなっている ○製品が一気に仕上がると、つけ合わせの場所が狭くなる
モノの集約（商品ごとにまとめて置くスペースをつくった作業で使うモノを作業スペースの近くに持ってきた）	作業中に探す手間がなくなった	○全員が場所を把握できていない ○今まで点在していたので、集めるのが大変だった
備品の在庫をまとめて置くようにした	在庫管理がしやすくなった	常務にキャスター付きの台を作成してもらった。量が多く大変だったと思う

小さなカイゼンの積み重ね2

やったこと	良かったこと	大変だったこと
製本の作業机を減らした	歩く場所が広くなった	作業スペースが狭くなり、やりにくくなった
わかりやすくラベルをつけた	一目で何があるか、わかるようになった	誰もがわかる題目を考えて、モノの大きさに応じてラベルのサイズを変えたこと
時計の位置を変えた	○どの位置からも時計が見える ○反射して見えないということがなくなった	○見えやすいところを探す ○壁の梁を見つけること
表紙作成の台を2階に上げた	ラミネートの機械に近くなったので、その場で作成できるようになった（今までは1階に移動していた）	
低い棚を2階から下ろして配置	真ん中にあるのに、低い棚だから圧迫感がない	2階から下ろすのが大変だった

カイゼンの達人

振り返りの場が「元気をもらえる場」「安全で安心な場」と思えれば活動は創造的になり、新しいことに挑戦するようになる
「安全ではない」と感じればメンバーは守りに入り、
挑戦への心理的ハードルが高くなる
カイゼン活動を推進させるのも、減退させるのも振り返り次第

7-3 見える化して勝ちグセをつける

　勝ちグセをつけるためには、ボトルネックと「不」の2つを見える化します。この見える化のポイントは以下の通りです。

■ ボトルネックを定性的に見える化する

　カイゼン活動を加速するためには、ボトルネックを見える化します。目指す姿は、数値化できる指標を見つけて定量化することです。

　しかし、すぐに定量化するのは難しい場合が多いです。そのため最初はベテランやエースに、彼らが得た経験からボトルネックを伝えてもらいます。朝礼などで周知するのがよいでしょう。たとえば、「今日、製造する製品は〇〇工程がボトルネックです。〇〇工程の作業が円滑に進むようみんなでサポートしましょう」と伝えます。最初は定量化せずここから始めます。この朝礼を毎日続けると、若手や新人がボトルネックを感じ取れるようになります。

　ボトルネックがわかるようになるとボトルネックの生産性を高め、それ以外は生産性が少々下がってもいいと考え、優先順位がわかるようになります。ボトルネック以外を担当する人は、裁量の範囲で自ら考え、動けるようになるのです。そして、ボトルネック工程に対して自ら支援を始めます。

■ ボトルネックの指標化と定量化は取り組むタイミングを見極める

　定量化するには、測定工数や計算工数がかかります。また、測定や計算ができるのは、リーダーやエースなどの限られた人です。

　ボトルネックを数値化するとき、精密にしすぎると計算にコスト（作業工数）がかかります。また、リーダーやエースなどの一部の人しか測定・計算できないとなると、いずれは息切れします。計算に工数を要したり、一部の人に負荷が集中したりすると長続きしにくくなります。

　ボトルネックの数値化の最初の狙いは、成功を実感できるようにすることです。したがって、最初は少々ラフでも、簡単に指標化できるものを探すようにします。製造で言えば、ある製品の工程別のピッチタイムを測定します。あるいは製造数をカウントし、後で製造時間で割るだけでもいいです。このように

ボトルネックの見える化の進め方

数値化の狙い

> 第一に、カイゼンし、上手くいったことを実感できるようになるため
> つまり、達成感や充実感を味わい、成功体験にできるようにするため

たとえば、ボトルネック工程の作業者の洗浄作業を替わったことで、ボトルネックの製造数がいくつ増えたかなど

 数値化で苦労した事例

> 多品種少量生産のため製品によりピッチタイムが異なり、
> ボトルネック工程も別々
> 細かく条件分けをしてデータ収集・解析の結果、
> ボトルネックが見えるようになるまで数カ月を要す

 その結果

> 成功を実感したのは、数カ月後
> ボトルネックの測定は2回だけ
> 測定者であるカイゼンリーダーの負荷が多く長続きしなかった

 目指す姿は

> 成功を実感できる指標を早く設定できたカイゼン活動ほど、
> 成果が早く表れる
> ラフでいいからボトルネックを早く見つけられるよう知恵を絞り、
> 思い切って割り切ることも必要
> ITなどによるボトルネックの数値化は別途進める

大胆に割り切ることもあります。

■ボトルネックの数値精度のイメージ

　たとえば、非ボトルネックの作業者が、ボトルネックの作業者と担当を替わることにします。これをカイゼン課題にしますが、作業は"容器洗浄"だったとします。

　カイゼン活動では、容器洗浄を替わったことによって、ボトルネック工程の製造の"増加数"がわかればいいのです。そして、容器洗浄を替わった人は、この増加数に貢献できたと思えます。このような実感を定量的にも持てるように見える化するのです。

　大変な作業をやらされたのではなく、ボトルネック解消のために重要な作業をしたと数値でも実感できます。

■「不」の解消を見える化する

　「不」の解消の見える化は振り返りで行います。カイゼンリーダーはメンバー全員に"良かったこと"を聞き、その後は順に発表してもらいます。それを、ホワイトボードなどに書き取ります。

　このとき、メンバーが"考えたこと"を重点的に書きます。また、カイゼンリーダーは、その考えたことを裏づける事実なども掘り下げて聞き、書き取ります。

　一方、誰もが知っている"自明な"「不」の解消については、端的な記載にとどめるか、あるいは書かずにスルーします。その後、ホワイトボードを見ながら、さらに全員で掘り下げます。

　これにより、"良い考え"、"良い視点"を見える化します。

　つまり、「不」の解消という結果だけではなく、「不」の解消に至ったプロセスを見える化するのです。ここでのプロセスには、考えたことも入ります。したがって、カイゼンリーダーは、ホワイトボードにこれらのプロセスが1ページで収まるようにまとめます。最後に、スマートフォンなどで写真を撮り、全員で共有できるようにします。

> **One Point**　プロセスを見える化する
> そのプロセスには考え方や視点も含める

ホワイトボードで"魂の言葉"を見える化

"良かったこと"をホワイトボードに書き取るときのポイントは？

 振り返りはワイガヤ形式で実施

ホンダのワイガヤは、自分で見て、自分の頭で考え、自分で気づいた
ことを、"魂の言葉"として話す
ホワイトボードに書き取るのは"魂の言葉"

 また

良かったと思えた"事実"も同時に書き取る
受け売りの言葉や過去の経験からの言葉は控える

 魂の言葉が吐き出されているときは

カイゼンリーダーはできるだけしゃべらず、聞き役に回る
リーダーが多く聞き役に回っている振り返りは上手くいく

 さらに

魂の言葉が多く出されているときは、現場発の優れた部分が
見えてきている。これが成功体験となる

 一方、カイゼンリーダーは

「現場はすごいな」と感じたり、逆に「自分もやらなきゃ」と
思うことがある
このようなときは、カイゼンリーダーは現場から元気を得ている証で、
これがカイゼンリーダーの成功体験となる

7-4 生産管理の手法を使って勝ちグセをつける

　カイゼン活動においては、いくつかの生産管理の手法を用います。活動の前半は、現場の「不」を解消し、かつボトルネックを解消するために用います。一方、これら手法は現場の構成メンバーや活用時期、手法の浸透度によって効果が小さいことがあります。カイゼンリーダーは手法の特徴をつかみ、現場の状況を見極めて用います。

■ムダ取りの徹底
　残業続きの工場や忙しい工場では、「時間がない」という「不」が吐き出されます。これを解消するために、ムダ取りは有効です。こういう状況では、カイゼン活動の時間がないと抵抗する人や逃げ回る人は多いです。一方、「時間がない」現場では、漏れ、抜け、ダブリなどのムダな作業が多くあります。そのため、ムダという「不」を解消する取り組みを検討します。

■多能工化の推進
　ボトルネックを解消するため取り組みます。最初は、非ボトルネックの作業者が、ボトルネック工程の作業者の作業の一部を替わるために行うと効果的です。これにより、相互支援の体制をつくり上げます。そのため、多能工化はボトルネック工程の周辺から取り組むとよいでしょう。
　スキルマップは、点数化できるため序列化を生み、新たな「不」が発生する場合があります。スキルマップは、現場のメンバー構成や生産管理の体制によっては、合わない場合があるため用いる際は注意が必要です。

■ビデオなどによる作業分析
　経験の浅いカイゼンリーダーは、手法に困った場合はビデオ撮影をすべきと覚えておきましょう。多くの場面で使えます。
　ビデオ撮影の対象は、ボトルネック工程の作業です。撮影の仕方は、学校の運動部の部活と同じと考えていいです。機材は、スマートフォンでもデジカメでも構いません。部活と同様にまず撮って、上手く映っていなければ撮り直す

ボトルネック解消のために効果があった手法

事例1：作業指示する人を決めた

工程ごとに部屋が分かれている工場で、進捗具合をリアルタイムに把握し、各工程に作業者の配置を指示する役割をつくった。多品種少量生産の工程では、ボトルネック工程がリアルタイムに変わる。そのため、指示する人を決め、A工程の人をB工程に動いてもらうなどの指示を小まめに出した

この工場では、指示役の人をデシャップと呼ぶ。デシャップは飲食店で使われている用語で、厨房全体の進行具合と注文状況を把握し、各厨房内の担当者にを指示する人のことである。ワイガヤでのパートさんのアイデアから始まったカイゼンだが、ここの工場では手待ちによるムダが減って生産性が2倍以上になった

事例1：自由に動ける人を決めた

工程内を自由に動ける人を配置した。この人は、ボトルネック工程を見つけて自ら支援に入り、"フリー"と呼ばれる役割を担っている。フリーが作業している工程にボトルネックがある。そのため、若い作業者もフリーの動きを見ていれば、ボトルネックや忙しさが自然とわかるようになった

ボトルネックがわかったことで、若い作業者も手が空いたときに支援員として入れるようになり、これだけで生産性が3割増した

上述したデシャップやフリーが務まるのは現場のエースたち
したがってエースが所属する工程からは、生産性が低下する
との声が挙がった
しかし、やってダメなら「元に戻す」と決めて取り組んでみると、
2、3日で良い結果を収めることができた

だけです。撮影したビデオの分析方法も、部活と同じです。作業者ごとにピッチタイムを測定します。次に、作業のフォームを分析します。作業者であれば、フォームのどこの違いがタイム差として表れているかがわかります。

　この分析を、ワイガヤで行います。速い作業と普通の作業の違いを、ビデオで比較して見ます。正解はありません。違いを自分の頭で考えることを大事にします。これを、参加者全員が考え、順番に発表します。これを受けてカイゼンリーダーは、"もっと良くするには？"と全員に聞いていきます。発言の平等などのワイガヤルールを守ってもらいながら進めるのです。

■ 5Sの再確認

　5Sに関する「不」が多ければ取り組みます。少ないようでしたら、最初は取り組みません。一方、「コミュニケーションができていない（量や質の問題）」「若手の育て方ができていない」などの「不」が多ければ、コミュニケーションの活性化の手段として取り組むことはあります。現場に「5Sより他にやることがある」と感じている人がいないか注意します。

■ レイアウトの見直し

　工程ごとに部屋が別であったり、動線が交差していたりすると、レイアウトに関する「不」は上位に挙がります。しかし、工事を要するなど大がかりになるものが多いです。したがって、作業台の周囲レイアウト変更などできる範囲で行い、成功体験をつくります。同時に経営トップを巻き込み、着手できる工事はないかなどの検討をします。

■ TPMなどの設備管理

　設備管理に関する「不」が多ければ取り組みます。少ないようでしたら、最初は取り組みません。一方、世代間のコミュニケーションができていないなどの「不」を解消するために取り組むことがあります。

　事例では、ベテランと若手がペアで取り組んだところ、設備管理活動を通して世代間の交流が進みました。さらに、若手の育成などに効果が出ました。

> **One Point**　上位の「不」の解消につながる手法を選ぶ

ビデオ撮影による分析は部活と同様に

たとえば、陸上部で 100m 走の分析をする際はまずビデオで撮影
再生しながら、たとえば序盤、中盤、終盤などタイムを割り出す
次に、速い選手と遅い選手のフォームの違いなどを分析
選手は、両方のビデオを見れば手足の使い方や体軸のブレなど、
技術的な違いが感じ取れるはず

 ワイガヤでも同様に取り組む

ある工場で、表と裏に違いがある薄板のシートを、同じ面方向に揃え
るという作業があり、この作業がボトルネックであった。指の触感で
表裏の違いを判断し、裏返したり裏返さなかったりして面方向を合わ
せる作業である

 ビデオ撮影で分析ですると

触感を使わない方の手の指使いで、タイム差になることが判明
作業方法はリーダーから教えられているが、細かいところまで教えら
れていないことがある。作業ができる人は、当たり前にできているた
め言葉でうまく伝えられない場合もある
これは、名選手が名コーチとは限らないことと同じ

ボトルネックの多くは機械化できないため、手作業として残っている
このような場合、ビデオ撮影による分析は効果的

カイゼンの達人

7-5 カイゼンの風土をつくる

　カイゼン活動で成果を積み上げ継続していくために、風土づくりを進めます。風土ができるということは、習慣になるということです。習慣とは、がんばりを感じることなく、自然体で行われることです。まず、カイゼン活動の風土はどのようなものかを定義し、次につくり方を示します。

■ カイゼン活動の風土のあり方

　まず、自由に平等に発言できることです。そして、そのように発言しても安全・安心と感じられることです。このようになると、創造的に物事を考え、自立的に動けるようになります。

　創造的になり、自立的に動けるようになれば、「不」を見つける力が増します。その「不」を主張できるようにもなります。そして、「不」の解消アイデアを創造して、まずはやってみようというように行動が変わります。

　新しいことに取り組む際は、誰しも不安があります。しかし、1人で考えて実行するのではなく、仲間と考え実行する場合は安心感が生まれます。そして、新しいことに取り組む心のハードルが下がります。取り組める課題のレベルも上がっていきます。

　取り組んでみて上手くいけば、みんなで"よかったこと"や"大変だったこと"を振り返ります。さらに、上手くいった原因を見つけ、成功体験として体に染み込ませます。実際に、新しいことに取り組んだ人は成功を体験します。また、一緒に振り返りをした人は、成功の"疑似"体験をします。

　その1つひとつの成功体験は、小さなものでいいのです。小さなものでも仲間と共有できれば、うれしさも増します。きれいな景色を1人で見るより、家族やパートナーと見る方がうれしさが増すのと同じことです。

　小さな成功体験でも、充実感を覚えるようになります。それをコツコツと積み上げていった先に、大きな成功が現れます。大きな成功を体験すると、大きな達成感と大きな喜びが生まれます。

　カイゼン活動が上手くいっている工場は、このような風土ができています。

カイゼン活動が続くような風土をつくる

風土づくりで最も意識することはカイゼン活動の習慣化

 そのためには

活動が面白い、興味深いと感じ取れることが一番
仲間意識や所属感も高まるようにし、がんばらないでできる点にも工夫を

ある職場で、作業者間の連携が良くなく、派閥のようなものができていた。そこで一体感を生むため、カイゼンリーダーは朝礼で "昨日の感謝" を作業者に一言ずつ話してもらうようにした。その結果、自分のちょっとした行動が、周囲のためになっていることがわかり始めてきたのである。小さなことだが現場は興味深く感じ、仲間意識が現れてきた。風土づくりでは、こうしたちっちゃな積み上げを大切にしたい

 カイゼンリーダーがすべきことは

面白そうと思うことを自ら考え、取り組めるような風土をつくる
そのためには、自由で平等、安全で安心な場の整備は不可欠
小さなカイゼンから成功体験を得られることを徹底
その取り組みが振り返りで、上手くいった原因を見つけて
成功体験にしよう
いつも小さな成功を続けているという感覚を、
染み込ませる風土づくりを目指す

■ カイゼン活動での安全・安心はどのような場か

ここでの安全・安心は、何をやってもいいという"ゆるい"意味ではありません。失敗しても叱られないという安全・安心とも違います。

失敗したら叱られますが、厳しいことを言われても安全・安心と思えることです。そして、叱る方も、厳しいことを言っても安全・安心と思えることです。

前者は低い次元の安全・安心、後者は高い次元の安全と言えます。高い次元の安全・安心の方が深みがあります。

■ カイゼン活動の風土のつくり方

カイゼンリーダーは、このような風土をつくり上げることが重要な業務になります。そのためは、2つの取り組みを徹底します。

1つは、ワイガヤルールを浸透させます。

ワイガヤルールは、自由で平等、安全で安心な場をつくるためのルールです。そして、自分の頭で考えたことを尊重するルールです。結果よりも、考えるというプロセスを重視するという風土をつくります。

最初は、初回のワイガヤの2〜3時間に限り、ワイガヤルールを守ってもらいます。次からは、カイゼン活動ごとにワイガヤルールを守ってもらいます。カイゼン活動の回数を重ねるごとに、ワイガヤルールを守る回数も増えていきます。これを繰り返すことで習慣にしていきます。そして、自由で平等、安全で安心な風土が少しずつできてくるのです。

もう1つは、振り返りを深めていくことです。

振り返りはポジティブフィードバックを主体に行います。振り返りはカイゼン活動のミーティングごとに行います。振り返りを積み重ねていくことで、新しいことに取り組んでいこうとする気持ちと、創造的に考える力が育ってきます。また、ポジティブフィードバックを受けるとうれしい気持ちが生まれます。それは仲間意識につながります。

カイゼンリーダーは、この2つの取り組みをリードして、カイゼン活動を通じて風土づくりを進めていきます。

 ワイガヤルールと振り返りを習慣にしていく

カイゼン活動での安全・安心な場とは

新しいことにチャレンジしたり、変なことや恥ずかしいことを
言ってしまったり、厳しいことを言われたりしても、
安全・安心と思える場の整備が必須
強いカイゼンチームは、メンバー間に「安全・安心」という
信頼のつながりがある

 カイゼンリーダーの取り組みと
メンバーの行動との関係は？

ワイガヤルールを浸透し、自分で考えて発言する行動に照準を絞る
振り返りを深めていくことで、実行に焦点を当てる

この 2 つの取り組みで、カイゼン活動の風土をつくる
これにより、自由で平等な場と安全・安心な場が育つ

カイゼンリーダーは、自ら率先して普段からこの 2 つを強く意識

参考文献

○エアバック、アシモ、ホンダジェットはここから生まれた
　ホンダイノベーションの神髄
　独創的な製品はこうつくる
　　小林三郎　著　　　日経BP

○研究開発マネジメント実践技法集
　－研究現場を変える50の技法－
　　日本能率協会コンサルティングR&D革新本部知識創造マネジメント研究会　著
　　日本能率協会総合研究所

○心理的安全性のつくりかた
　「心理的柔軟性」が困難を乗り越えるチームに変える
　　石井遼介　著　　　日本能率協会マネジメントセンター

○精神科医が見つけた3つの幸福
　最新科学から最高の人生をつくる方法
　　樺沢紫苑　著　　　飛鳥新社

○影響力の武器【第三版】なぜ、人は動かされるのか
　　ロバート・B・チャルディーニ　著　　　誠信書房

○ポストコロナ時代の才能の見つけ方
　　本田健　著　　　ゴマブックス

あとがき

　本書を簡単にまとめると、以下のようになります。

　現場に「不」を吐き出してもらうことで、カイゼン活動に興味を持ってもらいます。次に、その「不」の解消に取り組んでもらいます。しかし何かを変えると、必ずと言っていいほど、メリットとともにデメリットが現れます。現場はこのデメリットが気になり、行動に移せなくなるのです。そのためカイゼン活動を、行動したことの"振り返りの場"と位置づけます。

　結果を出すためではなく、振り返るために行動します。それにより、最初の一歩が踏み出しやすくなるのです。やってみて上手くいけば、成功原因を振り返り、成功体験にします。上手くいかないときは原因を分析し、修正して続けるか、やめて別のことをするかを決めます。淡々とこのサイクルを回していくのがカイゼン活動の本質です。

　このサイクルを回すために、カイゼンリーダーにとって大事な心構えがあります。それは、リーダーはメンバーを「信じて待つ」ことです。メンバーに対し、暗黙のプレッシャーをかけるのではなく、メンバーの中に答えがあると信じ、それが出てくるまで待つことです。カイゼン後の成功した姿を思い浮かべて、ただ待つこともあります。このとき、メンバーから「時間をかけて待っても変わりませんよ」と言われることがあるかもしれませんが、そこまでは待つイメージです。

　そのタイミングで初めて、リーダーが自分なりの課題やアイデアを授けるようにします。こうすることで、現場が主体的に動くようになります。そんな小さな変化をリーダーのエネルギーにします。その結果、リーダー・メンバーともエネルギーのロスが少なくなり、気がついたらカイゼンが早く進んでいたという成果に恵まれることでしょう。カイゼンに取り組まれるみなさまの活動が上手くいくようお祈り申し上げます。

　2021年9月

小野　司

索　引

〈著者紹介〉

小野　司（おの　つかさ）

株式会社リーガルマネジメント　代表取締役
中小企業診断士、技術士（経営工学）、司法書士

1991年東北大学大学院工学研究科機械工学専攻を修了後、富士写真フイルム（現・富士フイルム）株式会社に入社。研究開発部門にてプロジェクトマネジメント業務、風土改革業務、戦略立案業務などに携わる。2011年経営コンサルタントとして独立。（独法）中小企業基盤整備機構の経営支援アドバイザー、商工会・商工会議所など中小企業支援の専門家など多数の公的役職に就任している。

ワイガヤ手法などを用い、現場力アップと経営力アップを融合させた独自のカイゼン活動を展開する。製造業にとどまらず、業務改革を必要とする企業全般の支援に乗り出す。最近はこれらの手法を応用し、事業計画策定支援、補助金申請支援、事業承継支援などカイゼンを超えた分野に適用し、手法を進化させている。

ちっちゃな「不」の解消から始めるカイゼン活動
短期間で成果を出して勝ちグセをつける！　　　　　　　　NDC336.2

2021年9月30日　初版1刷発行　　　　　　　　定価はカバーに表示されております。

© 著　者　　小　野　　　司
発 行 者　　井　水　治　博
発 行 所　　日刊工業新聞社
〒103-8548　東京都中央区日本橋小網町14-1
電話　書籍編集部　　　03-5644-7490
　　　販売・管理部　03-5644-7410
　　　FAX　　　　　　03-5644-7400
振替口座　00190-2-186076
URL　https://pub.nikkan.co.jp/
email　info@media.nikkan.co.jp
印刷・製本　新日本印刷